U0640906

孩子，

这10件事
你越早明白越好

谈旭◎著

中国财富出版社

图书在版编目(CIP)数据

孩子,这10件事你越早明白越好 / 谈旭著.—北京:中国财富出版社,
2017.10

ISBN 978-7-5047-6599-4

Ⅰ.①孩… Ⅱ.①谈… Ⅲ.①家庭教育-素质教育 Ⅳ.①G78

中国版本图书馆CIP数据核字(2017)第255186号

策划编辑	刘瑞彩		责任编辑	刘瑞彩		
责任印制	方朋远 梁 凡		责任校对	孙丽丽	责任发行	张红燕

出版发行	中国财富出版社	
社 址	北京市丰台区南四环西路 188 号 5 区 20 楼	邮政编码 100070
电 话	010-52227588 转 2048/2028(发行部)	010-52227588 转 307(总编室)
	010-68589540(读者服务部)	010-52227588 转 305(质检部)
网 址	http://www.cfpress.com.cn	
经 销	新华书店	
印 刷	北京柯蓝博泰印务有限公司	
书 号	ISBN 978-7-5047-6599-4/G·0695	
开 本	710mm×1000mm 1/16	**版 次** 2018 年 3 月第 1 版
印 张	15.25	**印 次** 2018 年 3 月第 1 次印刷
字 数	219 千字	**定 价** 38.00 元

版权所有·侵权必究·印装差错·负责调换

1

每个父母都爱孩子、把孩子当宝，可孩子们一些令人震惊的行为让他们感到自己非常失败：包括责骂和抱怨，自私和贪婪，经受不住挫折……

因为我们的孩子非常辛苦，每天忙于各种课内外的学习。他们心中想的是考高分要奖励，沉湎于各种各样的欲望之中，却没有一个长远而伟大的人生目标。当遇到一点点小小的挫折时，他们往往会陷于迷茫，丧失前进的动力。

我们都知道，孩子的三观，最早是来自父母的教育，当书本里的铅字无法立即变成活生生的社会经验时，当曾经的理想猛烈撞击着未来的那扇门时，父母们不禁扪心自问：我要把孩子培养成一个什么样的人呢？我的教育方式正确吗？

2

美国前任总统奥巴马曾经在给女儿的公开信中，给出了很多建议。

他告诉孩子：希望你们俩能担负起责任；学会不断纠正自己的错误；学会付出自己的努力，让别人也能得到和自己一样的发展机会。这不仅仅是因为你们天生就有责任和义务去报效这个国家，还因为你们必须对自己负责任。道理很简单，就是当你们胸怀大志并努力去实现时，你们才能发现自己的潜力所在……

这，虽然是一个美国父亲对自己女儿的期望，但对于中国孩子们来说，同样意义重大。

我们的父母，并不需要一直对孩子粉饰太平，不能只关心孩子的生活，而不关心他们的心灵成长。

我们的父母，必须让孩子明白责任、担当、独立、乐观以及树立理想、控制情绪、道德修养……

3

当今社会，不少家长"望子成龙""望女成凤"心切，花很多精力来培养孩子的智力，而不注重孩子品德、礼仪、习惯、生活能力等非智力因素的培养。事实证明，在人才的形成过程中，非智力因素起着重要作用。

意大利诗人但丁说过："道德常常能填补智慧的缺陷，而智慧永远也填补不了道德的缺陷。"孩子就是一张白纸，在孩子还小的时候，父母能及时在这块单纯幼稚的心田上，播种良好的习惯和品德，才会收获丰硕果实，让孩子终生受益。

本书联系孩子教育的实际情况，从10个角度出发，聚焦家庭素质教育、优秀品质的一脉相承，从礼仪、品德、人际、心态、爱心等诸多素质培养入手，深入浅出地为孩子们解读生活哲理。书中文字亲切生动，可以引导孩子从小发现自己，寻求自己的人生答案，也是父母的心灵读本——家庭教育的重点。我们应将思想品德和良好的个性培养放在首位，先做好孩子的榜样，再教育孩子如何做人。

父母们不要觉得"孩子还小"，要知道，本书里提到的这些事情，孩子越早明白越好！

目录
CONTENTS

第一章 停止怀疑自己，不拿别人的地图找自己的路

如果你自己都不相信自己，那没人会相信你。成功源于你的头脑，如果你所做的是不断地看扁自己，预言着未来的失败，这就真的会成为现实。与其怀疑自己，不如积极思考问题。不仅会让自己更加开心和成功，还能够感染到周围的人。

第二章 停止消极，没有到达不了的明天

现在你不要再怀疑自己了，也别再怀疑身边的人。你不希望被人挑剔，那么也不要再去挑剔身边的人。想想你给别人带来的是什么样的感受吧——即使出发点是好的，别人也不想听到那么多消极的事情呀。

第三章　停止拖延，你荒废的不是光阴而是生命

我现在不想做，还是留到明天吧。一旦开始拖延，其实你已经停滞不前了。你拖延的事情不会自行解决。解决问题，继续前行吧。从长远角度来说你会更加快乐。

第四章　不要听讨厌的人说话，人生不为谁止步

无论你想干什么，总会有人告诉你不要这么做，没有用的。我可以想出Twitter（社交网络）成百上千条不实用的理由，但它依旧是互联网上最流行的社交网站之一。我的想法不会阻止Twitter的发展，就像你无法劝科比退出NBA（美国男子职业篮球联赛）或乔什·哈奈特不要继续当演员一样，都毫无意义。那为什么还要让别人的想法阻止你呢？

第五章 不再偷懒，人生没有唾手可得的晚餐

懒人真的很招人烦——得像赶驴磨磨一样逼着他们做事情。如果我想跟你看一场电影，却不得不花一个小时来说服你起床，那我宁愿一个人去看。给自己动力都不是件容易的事情，就别让朋友和家人浪费宝贵的精力再来给你动力了吧。

第六章 别再承诺，谁都讨厌一个只说不做的人

总是做承诺，总是做不到。每次做承诺都不禁给自己增添了责任，无论你的出发点有多好，你都不可能完成你承诺的所有的事。很多时候，你的承诺都太过绝对（比如"我发誓我永远爱你"），都只能在绝对环境中才能实现。与其用语言许下承诺，不如在别人需要你的时候出现，然后用行动达到他们的期望。

第七章　别那么自私，没有谁的人生不需要分享

如果你只考虑你自己，那么很快你会发现身边只剩下你自己。用一分钟停下来想想你的行为会给别人带来什么影响——你是不是从休息室拿了最后一杯咖啡再倒满了呀！不要喝光所有的咖啡，这是一个完全由大家分享的世界，你所做的每件事都会影响到别人。

第八章　别那么刻薄，一缕微笑可温暖整个世界

无意踩到别人脚的情况常常会发生，但没必要处心积虑地做一些不好的事情，所以要有意识地让自己不要那么刻薄。如果有人对你无礼相待，随他们去好了。没必要去报复，除非你也想成为那一人。

第九章　别把每件事太往心里放，笑对世事纷扰

人们会因为一些奇怪的事情感到被侵犯。就拿Kendrick Lamar这个夏天备受争议的歌曲Control为例：他在歌词中挑衅了一些他认为比他弱的说唱歌手（的确是这样），一石激起千层浪，整个说唱界的歌手都蜂拥录歌作为回击。重点在于，所有的人都认为自己是最好的说唱者，每个人都更看重自己，这就是他的目的所在。这件事教给我们：不是所有的事都要围着你转，如果你是玻璃心，有人就会利用这一点。

第十章　别说多了，让舌头适时保持沉默

有时候沉默是金——特别是在情侣关系里。我都记不清到底多少次因为说错话引发了本可以避免的争端。即使你想说的非常重要，那也闭嘴，自行消化。你可以用行动证明一切，毕竟你自己说话的时候是听不见的。

第一章

『停止怀疑自己，不拿别人的地图找自己的路』

如果你自己都不相信自己，那没人会相信你。成功源于你的头脑，如果你所做的是不断地看扁自己，预言着未来的失败，这就真的会成为现实。与其怀疑自己，不如积极思考问题。不仅会让自己更加开心和成功，还能够感染到周围的人。

1.别因出身卑微而看轻自己

一个人未来成就的大小，与出身没有多少关系，而是与信心密切相关。充满自信的人才能够掌握命运的主动权，从而让自己登上成功的顶峰。只要我们能够自信地面对一切困难与挫折，就一定会跨过困难，走向成功。同时，我们也要深信：任何人的命运都是可以改变的，而那个能改变命运的人就是我们自己。

奥巴马出生于一个多种族家庭。虽然美国处于世界的领先地位，可是种族歧视还是存在的，特别是在学校里，黑人相对白人来说，很难得到同等的教育，他们中的大多数人仍然过着非常低微的生活。正是在这样的情况下，奥巴马在小时候面临着来自同伴的歧视和异样的目光，所以，他从小就生活在外公家里。外公一家竭尽全力保护奥巴马不受种族歧视的伤害。虽然他不知道自己的父亲是谁，但是家人们努力把他的父亲塑造成高大光辉的形象，让他相信自己是名门之后，出身不凡。每个故事的细节都仔细设计，小心翼翼地回避小孩子满是问题的脑袋。尽管父亲没能陪伴他左右，但是照片和数不胜数的故事却总是让奥巴马觉得父亲就在自己身边。奥巴马从来不缺少父亲般的关爱，在保护他不受种族歧视伤害的同时，外公扮演起了代理父亲的角色。可是孩子终究是要长大的，奥巴马的问题一天比一天多，而对于奥巴马一家人来说，最棘手的问题莫过于："既然爸爸这么伟大，为什么我从来没有见过他呢？"

在奥巴马小时候，最喜欢模仿的人就是父亲，也只有父亲才能让小奥巴马感受到精神偶像的力量，可是他却是在对父亲的幻想中长大的。这让奥巴马受到了同伴们的嘲笑，即使是在相同肤色的同伴中，也是如此。如果奥巴马一直纠结于此，并在别人的取笑中丧失对理想的斗志，他又怎么可能有今天的成就？因为他面临的不仅仅是不公平的出身，还有来自社会的巨大压力。那种种族不被认同的压力，对很多小孩子来说是一种毁灭性的打击。但是小奥巴马非常坚强，他从小就拥有非凡的梦想，并因此有了与众不同的力量。

在奥巴马四岁那年，母亲安与一位来自印度尼西亚的男子罗罗再婚。他和安大学时便相识，交往两年之后决定结婚。婚后不久罗罗回国，奥巴马和母亲随后迁往印度尼西亚。对于母子二人来说，这个国家是崭新的，安借此机会"摆脱"了谨小慎微的父母，打算调整好心态做点能体现自己价值的事情。奥巴马则对印尼数不清的岛屿产生了浓厚的兴趣。除此之外，巨大的石佛、稀奇古怪的神灵以及儿时玩伴小猴塔塔等异域文化深深地印在了奥巴马的记忆中。

奥巴马和母亲、继父以及同母异父的妹妹玛雅住在一起，由于家境不是很好，奥巴马没法就读国际学校，只能被安排到本地的一所普通学校。在那里人们都叫他巴里，但这没能影响奥巴马的远大志向，他在一年级的时候写过一篇文章，题目叫《我想当总统》。这样一个梦想在其他小朋友眼里看来就是个天大的笑话，可是奥巴马却不这么认为，他甚至相信自己可以实现这个梦想，并把它当作自己的奋斗目标。因此在三年级时写的作文《我的梦：长大了想做什么》中，奥巴马再次写到自己的理想是当美国总统。这充分说明在奥巴马幼小的心灵里，当美国总统的梦想已深深地扎根在他心里了，小奥巴马要做的就是让它生根发芽，并长成一棵理想的大树。或许其他小朋友也有着跟奥巴马一样的理想，最后唯独他成功了，难道这是上天的眷顾吗？上天让他有了一个不错的继父，让他有了实现梦想所需的良好教育。事实上，确实如此，他的继父对他就像对待自己的亲生儿子一样，并为他制订了全新的教育计划。这是因为奥巴马有着强烈的求知欲，已经展示出了超乎常人的能力。也正是在这种能力的驱使下，他的继父让他受到了良好教育，特意为他报了一个美国的函授课程，让他像自己那样，通过间接的方式来获取知识。

诚然，奥巴马因为出身不同，受到了同伴们的歧视，可是他并没有放弃自己的目标，反而把这种歧视化为了奋斗的动力。因为他要改变美国人现有的症结，让每一个美国人都能得到同等的待遇，不管你是白人，还是黑人。也许正是因为早年上天对他的不公平，才造就了他非同一般的梦想，成就了他独特的魅力。

很多时候，并非我们的出身为我们贴上了永远不可能成功的标签，而是因出身卑微产生的自卑让我们永远不可能取得成功。奥马巴说：不要因为出身卑微而看轻自己，只要努力，任何人都能取得成功。

有一位父亲带儿子去了丹麦，领着儿子参观了安徒生的故居。儿子站在安徒生生前住的阁楼里，问父亲："爸爸，安徒生不是生活在皇宫里的吗？怎么他生前会住在这栋阁楼里？"

父亲抚摸着儿子的头，告诉他："安徒生是位鞋匠的儿子，他生活并不富裕，所以就一直住在这栋阁楼里。"

这位父亲是一名水手，他每年来往于大西洋的各个港口。他并没有多少钱，但总能给自己的儿子带来信心和希望，告诉他世界上许多新鲜的事和各种各样的传奇人物。他给儿子讲过许多名人故事，告诉他那些名人曾经是怎样的卑微，他们又是怎样从卑微中走出来，成为影响世界的著名人物。同时，他告诉儿子：这些人不管遭遇怎样的挫折，过着怎样卑微的生活，他们的内心永远都充满着自信，正是这股自信最终引导他走向了最后的成功。

他的儿子叫伊东布拉格，是世界上第一位获"普利策奖"的黑人记者。

二十多年后，伊东布拉格回忆自己童年时，曾经深情地说："我小时候，除了家里贫穷以外，还因为是黑人，被许多人看不起。父亲是靠卖苦力为生的，他一辈子没有享过什么福。因此，在很长一段时间里，我一直认为像我们这样地位卑微的黑人是不可能有什么出息的。是父亲让我认识了梵·高和安徒生，也是父亲让我认识到了黑人并不卑微。这两个人的经历让我知道上帝没有看轻黑人。只要相信自己，通过自己的努力，任何人都有可能获得自己理想中的成功，自信正是走向成功的第一步！"

是的，即使是穷人，即使是生活得很卑微的人，只要相信自己，并不断地努力，都具备成功的可能。我们不要怀疑自己的命运，要相信自己的能力。要知道，不断地否定自己，只会使自己做事犹豫不决，导致自己不知道该怎样去解决问题，使自己慢慢失去自信。如果长期怀疑自己，之后就会习惯性地否定自己，无形中给自己增加了很多压力。在这样的压力下，做事就不会有良好的心态，效率也会降低，使自己的压力变得更大，信心更弱，陷入一个恶性循环的怪圈当中，最终一事无成。

正如奥巴马给女儿的信中所说的那样：出身卑微从来都不是成功的障碍，在世界各地也有无数不甘于卑微出身而奋斗成功的人。

黑人福勒的母亲不肯接受仅够糊口的生活。她时常对自己的儿子说："福勒，我们不应该贫穷。我不愿意听到你说，我们的贫穷是上帝的意愿。我们的贫穷不是由于上帝的缘故，而是因为你的父亲从来就没有产生过出人头地的想法。"

母亲的话在福勒的心灵深处刻下了深深的烙印，以致改变了他的一生。他决定把经商作为生财的一条捷径，最后选定经营肥皂。于是，他挨家挨户推销肥皂达12年之久。当有人与他一起探讨获得财富的成功之道时，他就用类似他母亲多年以前说的那句话回答："我们贫穷并不是因为上帝，而是因为我们从来没有想过改革。"

奥巴马认为：出身卑微并不可怕。对于很多自信的草根来说，卑微的出身会带给他们更多的思考，在思考中沉淀更多的才能和智慧。有上进心的人总能够让不幸的命运有所改变，最后赢得赞美，成为人们眼中的英雄。

2.为自己点赞，学会欣赏自己的精彩

很多时候，自信在人生中释放的力量，能带领我们在追逐梦想的道路上冲破重重障碍。然而，很多人却认为自信是他人给予的掌声，得不到他人的喝彩，自己就找不到自信的动力。

诚然，人生中没有掌声和喝彩声无疑是孤寂的，曲高和寡的孤独往往会葬送一个人的斗志和继续前行的勇气。然而，我们生活和奋斗的目的不是为了别人。倘若我们真的把自信的动力归于他人，只能暴露出我们并不了解什么是自信。当无人为我们喝彩的时候，我们依然可以鼓起勇气为自己鼓掌，就能在奋斗的路上越走越远。

对于这一点，奥巴马是这样说的：我一直在想，倘若不为从前的自己鼓掌，我的未来很可能会暗淡无光，充满灰色。正如奥巴马所说，只有懂得为自己鼓掌，才是真正的自信。也正是因为这种心态让奥巴马一路披荆斩棘，取得了今天的成功。

奥巴马酷爱篮球，但打得并不是很好。有一次，记者问奥巴马他年轻时打球的经历，他认为自己打得还好，对那时的自己也很满意。这就是一种积极面对自己过去的态度。

奥巴马经常给女儿们说：每一个人都有属于自己的不平凡之处，有与他人不同的能力。即使这种能力在其他人看来微不足道，但这可能就是促

使你获得成功的必要因素。我们要学会欣赏自己，这种欣赏不是自以为是，而是以一种开诚布公的态度去面对自己。能更清楚地认识自己，也是一种坦然与豁达。

他是这样说的，也是这样做的。

2000年，奥巴马参加联邦众议员竞选失败，但乐观的他并没有灰心，而是抱着积极的心态于2004年继续竞选国会参议员的职位。这时，一位众议员向他表达了担心："坦诚地说，你连众议员席位的竞选都失败了，怎么可能在国会参议员席位的竞选中获胜呢？"然而，这位曾经经历失败的黑人却给出了这样的回答："别担心，我行！"在得到妻子的支持后，奥巴马又充满了自信，踏出了政治生涯中最重要的一步。

2007年2月10日，奥巴马进行了一次演讲，充分体现了他的自信。他在演讲一开始，对大家在严寒的天气里仍然坚持赶来听他的演讲表示了感谢："我深深地明白，你们赶到这里，并不仅仅是因为我，更是因为你们对这个国家的未来有信心。"接着，他向听众们讲述了自己为什么来到这里竞选总统，以及自己在芝加哥做社区组织工作的经历。

然后，他又和听众们分享了自己一路走来的心路历程。他说："我知道我的这一宣告有些唐突，我也知道自己在了解华盛顿的行事方式上花的精力不多，不过这些时间对于我认识到华盛顿方面的行事方式必须要做出改变已经足够了。"

所有听众都对奥巴马的这一番话给予了最热烈的掌声。在这样一个敢于挑战传统，敢于为自己喝彩的非洲裔总统的感染下，人们开始不再逃避现实。民主党和奥巴马的助手们都说，他们做好了随时应对各种问题的准备。奥巴马从政的经历并不长，经验也不丰富，他取胜的秘籍就在于他成长的背景和独有的领袖气质。

在针对美国总统候选人的若干研究中，评论家齐格勒·希尔是这样说的："奥巴马拥有把他自我认同的感觉传递给别人的能力，或许也正是这种能力才让他塑造出如此让选民信服和敬佩的形象。"

学会为自己鼓掌。很多时候我们都需要具备这种在没有人欢呼和颂扬的环境里，不断为自己加油打气的自信和勇气。做人要对自己充满信心，不要轻易否认自己的价值。鲜花和掌声固然重要，但是就算没有这些，也不能否定自己的成绩和相应的价值。

奥巴马给女儿萨莎讲过这样一个故事：

古希腊的大哲学家苏格拉底在临终前有一个大的遗憾——他多年的得力助手，在半年多的时间里居然都没给他找到一个最优秀的闭门弟子。

事情是这样的：苏格拉底在风烛残年之际，知道自己时日不多了，就想考验和点化一下他的那位平时看起来很不错的助手。他把助手叫到床前说："我的蜡烛所剩不多了，得找另一根蜡烛接着点下去，你明白我的意思吗？"

"明白。"那位助手赶忙说，"您的光辉思想是得很好地传承下去……"

"可是……"苏格拉底慢悠悠地说，"我需要一位最优秀的承传者，他不但要有相当高的智慧，还必须有充分的信心和非凡的勇气……这样的人直到目前我还未见到，你帮我寻找和挖掘一位好吗？"

"好的，好的。"助手很尊重地说，"我一定竭尽全力地去寻找，不辜负您的栽培和信任。"

苏格拉底笑了笑，没再说什么。

那位忠诚而勤奋的助手，不辞辛劳地通过各种渠道开始四处寻找。可他领来一位又一位，都被苏格拉底一一婉言谢绝了。

有一次，当那位助手再次无功而返地回到苏格拉底病床前时，病入膏肓的苏格拉底硬撑着坐起来，扶着那位助手的肩膀说："真是辛苦你了，不过, 你找来的那些人, 其实还不如你……"

"我一定加倍努力。"助手言辞恳切地说, "即使找遍城乡各地, 五湖四海, 我也要把最优秀的人选挖掘出来举荐给您。"

苏格拉底笑了笑, 不再说话。

半年之后, 苏格拉底感觉自己就要告别人世了, 可最优秀的人选还是没有眉目。助手非常惭愧, 泪流满面地坐在病床边, 语气沉重地说: "我真对不起您, 令您失望了!"

"失望的是我, 对不起的却是你自己。"苏格拉底说到这里, 很失望地闭上了眼睛。停顿了许久, 他才又不无哀怨地说: "本来, 最优秀的就是你自己, 只是你不敢相信自己, 才把自己给忽略、给耽误、给丢失了……其实, 每个人都是最优秀的, 差别就在于如何认识自己, 如何发掘和重用自己……"话没说完, 这位哲人就永远离开了这个他曾经深切关注的世界。

那位助手非常后悔, 甚至后悔、自责了整个后半生。

奥巴马对女儿说: 为自己鼓掌, 是一种自我认可的表现。现实生活非常残酷, 可能你很有理想, 但是却会常常碰壁; 可能你很有才能, 却得不到发挥。这样的挫折和打击, 很容易让人失去自信。但是, 亲爱的孩子, 这一切都是暂时的, 你要坚强地走下去, 给自己一些支持和鼓励, 相信自己最终能走向成功。

无论做什么事, 不管艰难还是容易, 都要在相信自己实力的前提下多肯定自己, 多褒奖自己。年轻人更需要这样一种肯定, 不仅是对自己的肯定, 还需要他人的肯定。而要得到他人的肯定, 首先要自我肯定, 只有这样, 在以后的道路上才会信心百倍, 在别人眼里你才会是个积极向上的人, 他们会向你投去赞赏的眼光, 而你也会在这种良好的氛围中获得成功。

3.自我肯定，自信会让你更有力量

一个人如果拥有自信，就等于有了向前冲的力量。这种力量来源于每个人的自身，是支持生命的理念，是让你通向成功的保障，是你人生道路上不可或缺的财富。

奥巴马是一个超级自信的人，作为一匹政治黑马，他的自信让人眼前一亮。这种气质感召了无数人，也让他自己充满了力量。这种力量在他的演讲中充分体现出来："我们将实现我们坚信不疑的改革，让更多的家庭能够看得起病，我的女儿玛利亚、萨莎和你们的孩子都将会生活在一个更为干净和更加安全的星球上。世界将以不同以往的眼光看待美国，而美国将把自己看作是一个更少歧视、更多团结的国家。"

斯图尔特是2008年代表美国参加"环球小姐"选美大赛的选手，当说到自己支持哪位候选人时，她说："对于民主党和共和党的候选人，我都非常钦佩和欣赏，但是我更喜欢奥巴马。他的自信和感召人的方式一直吸引着我。"

奥巴马对女儿说过：自信既是一种对自我能力的肯定，也是一种对自我的审视。

在整个总统竞选过程中，奥巴马经历了多次失败。比如在新罕布什尔州，他在形势大好的情况下败给希拉里，使自己的攀升势头大大减缓，甚至一度处于不利局势之中。但是失败后的奥巴马非但没有灰心，反而更加自信满满地喊出"是的，我们能！"的口号。他想让所有支持他的人明白，他只是暂时性失败，他有取得最后胜利的决心。

在这场竞选中，奥巴马阵营在大部分时间里都落后于对手，他们也一直都知道接下来的道路会走得非常艰难。但是奥巴马的支持者用手中的选票创造了历史。他们为他挺身而出，大声疾呼期待改变。在美国，任何看似不可能发生的事情都会发生，满怀希望永远不会有错。

接着奥巴马高喊："是的，我们能！是的，我们能拥有机会与繁荣！是的，我们能带领我们的国家走出困境！是的，我们能拯救这个世界！是的，我们能！"

奥巴马能在失败之后不气馁，满怀自信地向目标进发。他鼓舞的不仅是自己，更是无数支持他的选民。他想让所有人看到：无论我经历多少次失败，我都有决心和毅力取得最后的胜利，我绝不会对自己说"不能"。在他成功当选总统后，他组建了超级豪华的内阁团队。

国务卿是希拉里，国防部长是盖茨，财政部长是纽约联邦储备银行行长蒂莫西·盖特纳，个个都是顶尖的"大人物"。有人担心奥巴马短短的几年政坛资历无法"降服"这些实力派人物，但是奥巴马却一点也不担心。他说："我所选择的成员对彼此都有着共同的认知，我欢迎不同的意见和声音。虽然他们是为总统工作，但是其实是对国家负责，无论什么事情，最后的决策都由我来定。"

就是这样的自信让他取得了胜利。他在两次总统竞选中均有落后的时刻，但自信让他走过了最艰难的时刻。自信让他敢于任用自己的对手希拉里，因此组建了强健的内阁；自信让他摒弃种族偏见，与"平权主义"拉开距离，让黑人和白人之间消除了隔阂且又迈进了一步；自信让他在失业率高达7.2%的情况下获得了连任……

很多时候，我们由于一时的疏忽，会被击垮，会多次摔倒，甚至被摔得支离破碎。这个时候，我们不必灰心丧气，觉得自己一文不值，而要一如既往地相信自己、肯定自己。

所以，不管在我们身上发生了多么大的事情，我们都要肯定自己，不能丧失自我，进而充分发挥自己的潜能，让人生再度创造辉煌。

因此，美国联合保险公司董事长克里蒙·史东说过这样一句话："要祛除内心的迷惘，就一定要肯定自己。真正的成功秘诀是'肯定人生'四个字。如果你能始终肯定自己的价值，以坚定而乐观的态度去面对一切困难险阻，那么你一定能从其中得到好处。"

克里蒙·史东自幼丧父，他体恤母亲持家的辛苦，从小便外出打零工来补贴家用。克里蒙有极强的进取心，遇到困难从不唉声叹气，也从不叫屈，他始终相信自己的能力。

有一次，当克里蒙走进一家餐馆准备向客人叫卖报纸时，却被餐馆的老板赶了出来，老板还在他身上狠狠地踹了一脚。克里蒙轻轻地揉了揉屁股，安慰自己说："我是最棒的，反正做了又没什么损失！"便又拿起手中的报纸，再次向在场的客人叫卖。客人们看他勇气十足，便纷纷劝请老板给他行个方便。虽然那天克里蒙屁股被踢得很痛，但口袋里却装满了钱。

中学的时候，克里蒙开始投入保险行业。刚开始，他遇到的困难与自己当年卖报的情况一样，但他依然安慰自己："我是最棒的，反正做了又没什么损失！"于是，他鼓起莫大的勇气，一次次地走进城市里一间又一间的办公室。

终于，克里蒙卖出了一份又一份的保险。在他22岁那年，他便成立了一家自己的经纪保险公司。开业的第一天，他就在繁华的大街上卖出了第一份个人保险，接下来他又创下每四分钟签一份保险合同的奇迹。

著名的奥地利心理学家阿德勒在《自卑与超越》一书中曾提出过这样

一个极富创新性的观点。他认为，人类的一切行为都来源于"自卑感"，以及克服和超越"自卑感"，人们总是习惯把"我不好""我不行"等诸如此类的标签贴在自己身上，或许这就是人类自卑的根源所在。这种心理暗示一旦产生，就很难被摆脱。而且你可能并没有意识到这就是你的敏感、压力的源头。所以，如果你想坦然面对生活，不断靠近自己的梦想，就必须要克服自卑，超越自卑，把心里"我不好""我不行"的标签彻底撕掉。

在美国密歇根州一所山村小学里，一天，一位老师给同学们上了一堂特殊的课：老师要求全班每个同学都以"我不能……"为开头进行造句，列举自己认为做不到的事情。比如"我不能考到满分""我不能让人人都喜欢我""我不能在运动会上得冠军"等，而她也和同学们一样在纸上罗列出自己认为做不到的事情。

半节课过去了，很多同学都写了不少的"我不能"，更有同学几乎已经写满了两张纸。这时，老师要求大家把写好的纸条对折后投进讲台前的一个事先准备好的空鞋盒里。学生们相继投完纸条后，老师也把自己的纸条投了进去。然后，她拿着盒子，带领全班同学走出教室来到了操场。她在操场的角落里挖了一个洞，学生们对老师的举动好奇不已，只见老师把那个盒子深深地埋进了那个"墓地"里。

这时老师注视着这块"墓地"四周的学生们说："孩子们，现在请你们手拉手，低头默哀。"

有些孩子恍然大悟，开始明白老师的用意了。于是学生们迅速手手相连，绕着"墓地"围成一个圈，然后都低下了头。只听老师沉重地说道："朋友们，今天是'我不能'先生的葬礼，在此我很荣幸能够邀请到各位前来参加。这位曾与我们朝夕相伴的'我不能'先生在世的时候，对我们每个人的生活都有影响、改变，有时他的影响远超任何人。从今天开始，'我不能'先生将长眠于此。同时，我们希望您的兄弟姐妹'我能行'

'我愿意''我最棒'等能够继承您的事业，陪伴我们左右。最后祝愿'我不能'先生安息，也希望我们每一个人都能够精神抖擞，勇往直前！阿门！"

接下来，老师又把学生们带回了教室。当他们一起吃着饼干、喝着果汁，欢庆越过了"我不能"这个心坎时，老师又做了一个纸墓碑，上面写着："'我不能'先生安息吧！"并在底端写上了这一天的日期。这个纸墓碑就被老师悬挂在教室里，时刻提醒着大家已经没有"我不能……"了。

这个活动象征性极强，而且意义深远，在每个学生的心里都留下了深刻的印象。每次遭遇困难时，学生们都会想起"我不能"已死，进而积极地面对，想办法解决。多年过后，这些学生几乎都成为优秀的人物，因为他们懂得树立信心、勇于克服困难。

奥巴马在给女儿的信中写道：相信你做得到，你就一定会做到。

每一个人都会有自己的信念。如果你认为自己是一个无能的人，结果就是你真的无能；如果你认为自己能力非凡，结果往往就是你能成就一番事业。说自己行的人，他的潜意识会把成功的信念变成成功的动力；说自己不行的人，他的潜意识就会把自卑的念头变成失败的行动。积极的信念会使人大步向前迈进，而消极的信念则会毁掉人的一生。

如果一个人不能对自己做出正确合理的评价，那么他就可能在预算中摔一个大跟头。最终，他起初的自信心会在失败中一点点地消磨掉。自信既是一种对自我能力的肯定，也是一种对自我的审视。

很多人审视了自己，最后仍然没有信心，反而变得更加自卑，感觉自己做什么都做不好。这是一件很不幸的事，因为每个人都有自己的优势。一个人需要看到自己的优势，通过自己的优势来建立自己的信心，而不是只看到自己的缺点，那样只会向相反的方向发展。

奥巴马在给女儿的信中写道：一个人只有相信自己，才能感受生活的快乐，才能不断地挖掘自身的潜力，这样更容易取得成功。如果一个人缺乏自信，是很容易自卑的；相反，一个人如果建立了自己的信心，那么在他面前就不会有过不去的难关，因为他相信自己的能力，在做事的时候能全身心地投入，而不会因为自卑变得畏首畏尾。这是一种超越自我的表现，同时也是一种对自己的信任。

只有自信，才能够让我们感觉到自己能力的强大，让我们的身心充满活力。当我们肯定了自己的优点，在自己的心中反复暗示自己可以时，就等于挖掘了内心深处的力量。这种力量能够让我们发挥出巨大的潜力，能够为后来的成功打下基础。

总之，在漫漫人生路上，只有我们肯定了自己的价值，才能散发出钻石般耀眼的光芒，才能跨过人生的每一个坎，摆脱掉每一个困境。

4.别让自己成为你成功的头号杀手

奥巴马的自信，是近年来美国总统选举中非常少见的。他曾说过，如果把他和任何一种人，无论是黑人、白人、西班牙裔的人、共和党人还是民主党人，放在某一间屋子里，给他半小时的时间，他就能带着其中大多数人的赞成票走出那间屋子。

相比较过去那些沉稳有余但激情不足的总统候选人，奥巴马给正处于经济危机之中的美国带来了一针强心剂，让民众顿时有了冲破难关的力量。因此，奥巴马高票当选美国总统也成了必然。

奥巴马对女儿玛利亚和萨莎说：人生最可怕的事情，莫过于自信心的丧失。他经常用莎士比亚的话告诫女儿们：自信是走向成功的第一步，缺乏自信是失败的根本原因。古往今来，许多人之所以失败，究其原因，不是因为无能，而是因为不自信。

自信，作为一种心理状态，是每一个正在奋斗的人必须拥有的。但是纵观目前社会，很多人因为跟不上时代发展而被淘汰。他们不知该怎样去面对这样的变化，也不知该采取怎样的行动。当他们看到周围的人不断地调整自己、改变自我以适应社会发展时，内心就充满了焦虑、犹豫并感到许多无形的压力。这样的人，永远都与成功无缘。

年轻人，学着自信起来吧，这是一种态度，更是内心的修为。自信是成功的第一秘诀。人们常常把自信比作发挥主观能动性的闸门，是启动聪明才智的马达。这的确很有道理。

从奥巴马的成长经历可以看到，他也曾经自卑过，也因此走过弯路。如果把这一段经历看作是他自我推销的一个过程，无疑这个时期的奥巴马是失败的。但是奥巴马没有被自卑打倒，而是从中获得了新的力量，找到了自己奋斗的目标，找到了最好的切入点，了解到了更为真实的现状。这些对他的政治生涯来说，产生了强大的化学反应，让他今后在面对困难和失败的时候，都能从容以对。

其实，每个人内心或多或少都会有自卑感，无关年龄和地位。因为生活毕竟不会十全十美，也许你有着可以与潘安媲美的容貌却囊中羞涩，也许你腰缠万贯却才疏学浅，也许你博学多才却容貌一般甚至丑陋……总有不完美，总会有那么一点让你自卑的原因。其实自卑并不可怕，可怕的是你没有办法克服这种情绪，从而丧失不断前进的勇气，让自卑如同乌云，在心中愈积愈厚，最终挡住了希望和快乐的阳光。

奥巴马认为：许多年轻人会有自卑感，是因为在和别人比较以后，对自己产生了不满。自卑情绪代表着深层的自我怀疑，而消除自卑情绪最大的秘诀就是在你的心里装满信心。只要对自己充满了无可限量的信念，在你身上就能产生自信。

对我们来说，自卑是无形的敌人，你必须设法战胜它。否则，它将让你丧失信心，心生恐惧，为你带来很大的困扰。对于生活中的强者来说，自卑并不会成为前进的阻力；相反，它会成为发愤图强的动力。心怀抱负的人，会变自卑为动力，从自卑走向自信，从渺小走向伟大。

他出生在内蒙古自治区呼伦贝尔市海拉尔区，相对于北京这座大城市而言，那里太过偏僻和落后。所以当他考入传媒大学的第一天，邻桌的女同学问他"你从哪里来"后，他低头没有说话，因为在他的潜意识里，出生在小地方就意味着小家子气，没有见过大世面，会被同学嘲笑。

就因为这位女同学的问话，他整个学期都没有勇气和同学们好好交流，以至于一个学期结束之后还有很多同学都不认识他。这种自卑心理在很长一段时间里占据着他的心灵，最明显的表现就是，和同学的每张合影上他都戴着墨镜。

她是地地道道的北京人，就读于首都师范大学，但是生长在天子脚下的她并没有因为成长环境的优越而快乐地度过童年，因为太胖，她大部分时间都是在自卑中度过的。她不敢穿漂亮的裙子，不敢上体育课，不敢肆意挥洒青春的汗水。因为她害怕同学们在暗地里嘲笑她，说她肥胖的样子太难看。

而且她还因为这个原因大学差点没能毕业——体育学分不够。她不敢参加长跑测试，虽然老师一再保证，只要她肯上跑道，坚持到终点就会及格。可是她死活不肯。她害怕，她怕自己因为体重而显得笨拙的跑步姿势遭到同学们的嘲笑。可是她没有勇气向老师解释。茫然不知所措的她，只能傻乎乎地跟在老师后面，亦步亦趋，老师终于没有了耐心，为了摆脱她的纠缠勉强算她及格。

在最近播出的一个电视晚会上，她对他说："要是那时候我们是同学，两个人可能永远都说不上话。你会认为，人家是北京城里的姑娘，怎么会瞧得起我呢？而我则会想，人家长得那么帅，怎么会瞧得上我呢？"

他，现在是电视台著名主持人。而她，现在也是中央电视台家喻户晓的著名节目主持人。

被光环笼罩的他们，当年也曾自卑过，但是他们最终脱颖而出，成为千万人追捧的对象，最终成就了今天的辉煌人生。之所以能够成功，是因为他们与大多自卑的人不同，他们没有被自卑打败，而是战胜了自卑。

虽然，很多人也会常常感觉自己很多方面不如别人，因此没有自信，甚至渐渐产生自卑心理。但是并非所有人都能像奥巴马一样最终将这种精神枷锁去掉，展现自我。自卑能够让人的意志变得薄弱，丧失面对生活的勇气，于是面对困境时会更加力不从心，甚至想不战而降，这种恶性循环的结果让人的内心变得更加脆弱，让我们变得更加自卑，让成功与我们渐行渐远，幸福与快乐也变得遥不可及。

自卑像一把潮湿的火柴，再也燃不起兴奋的火花。如果长期被自卑笼罩，不仅斗志易被腐蚀，心理也容易失去平衡，很容易出现病态的现象。自卑的人，总哀叹事事不如意，老拿自己的弱点与别人的强处比，越比越气馁，甚至比到无立足之地。所以，如果我们对自卑感处置不妥，就会消沉，从而坠入黑暗的深渊。只有积极地投身到自己热爱的事业中去，多运动，多参加各种活动，与周围的人融为一体，通过阅读充实头脑，心境才能渐渐好起来。如同全心投入芝加哥贫民社区服务的奥巴马，与普通百姓的近距离接触不仅使他在为人处世方面得到了历练，在个人价值实现的过程中还帮他克服了自卑的恶习，为他以后从政铺平了道路。

高看自己的人，显得骄傲；低看自己的人，显得自卑。事实上这两种心理都是错估自我形象的结果。自卑的人认可自己的低形象，骄傲的人拒绝承认，企图用外在的事物来补偿自己。

每一个想要成功的人，都应该战胜一切看似不可能战胜的东西。只有如此，才能获得成功之光的洗礼。大多数人的心里都隐藏着自卑的影子，我们只有拥有坚定的信念和足够的自信，才能战胜自卑带来的困惑。也只有如此，才能将自卑从心里赶出去，找出内心深处潜藏的力量，更好地面对明天的阳光。

5.相信自己的选择，最终你会取得成功

2011年4月，奥巴马与情报、军事和外交团队成员在白宫时局值班室碰头，听取针对本·拉登行动的可能性选项。

奥巴马面临三种选择：等待更多情报、发动定向空中打击、派遣地面部队。

情报人员表示，无法确定本·拉登具体藏身在哪一座建筑内，只有五至八成的把握。

奥巴马围着会议桌踱步，要求每个人表明观点，同时抛出突袭可能出现的最坏情形：平民伤亡、人质遭劫持、直升机被击落、与巴基斯坦产生外交摩擦。

与会人员的意见大致分为两派。白宫国土安全及反恐事务顾问约翰·布伦南和中央情报局局长莱昂·帕内塔支持地面行动，其他人认为应等待更多情报。在会议临近结束时，大约一半与会者支持直升机突袭，另一半提议要么静待情报，要么空中打击。

　　会后，奥巴马离去，没有做出决定。经过一夜考虑，奥巴马觉得机会难得，应该果断采取行动，于是他召集高级顾问，宣布决定突袭，他简短地说："动手吧。"

　　做出选择之后，奥巴马与国务卿希拉里·克林顿、国防部长罗伯特·盖茨、总统助理兼国家安全副顾问托马斯·多尼伦和白宫国土安全及反恐事务顾问布伦南等围坐在时局值班室一张桌子前，观看卫星实时传回的突袭画面。本·拉登被击毙的消息传来，证明了奥巴马的抉择是正确的。

　　有人说："我们每个人的一生中都面临很多大大小小的选择，而这些选择决定着我们的人生能否成功。"我们人生中的每个选择确实都会产生不同的结果，但是，只要我们使尽智慧和勇气做出抉择，很有可能取得成功。反之，如果我们连自己做出的选择都不能确信，对自己总是产生怀疑，一定会让我们的气势和信心受挫，导致我们的执行能力下降，结果往往失败。

　　在坚定不移地相信自己的时候，我们往往能够充满勇气地投入到事情当中。成功学大师戴尔·卡耐基也曾遭到过质疑和嘲笑，甚至还被别人说成是骗子，但他始终相信自己的选择充满意义，能够给他人带来能量。因此他精力充沛地到全国各地巡回演讲，举办成人教育班和座谈会，他的事业没有前例，但他取得了意想不到的成功。

　　三百多年前，建筑设计师克里斯托·莱伊恩受邀设计英国温泽市政府大厅。他运用工程力学的知识，依据自己多年的实践，巧妙地设计了只用一根柱子支撑大厅的天花板。一年以后，市政府权威人士进行工程验收时，却说只用一根柱子支撑天花板太危险，要求莱伊恩再多加几根柱子。

　　莱伊恩自信只要用一根坚固的柱子足以保证大厅的安全，列举了相关的实例，并拒绝接受工程验收者的建议。他的"固执"惹恼了市政官员，险些被送上法庭。莱伊恩非常苦恼,坚持自己原先的主张,市政官员肯定会另找人修改设计;不坚持又有悖自己为人的准则。矛盾了很长一段时间之后,莱伊恩终于想出一条妙计,他在大厅里加了四根柱子,不过柱子并未与天花板接触,只不过是装装样子糊弄那些愚昧无知却又刚愎自用的市政官员。

三百多年过去了,市政官员换了一任又一任,但这个秘密始终没有被人发现。直到两百年前,市政府准备修缮大厅的天花板,才发现莱伊恩当年的"弄虚作假"。

消息传出后,世界各地的建筑专家和游客都慕名而来,参观这根神奇的柱子,并把这个市政大厅称作"嘲笑无知的建筑"。最令人们感到惊讶的是,这位建筑师当时还在中央圆柱顶端刻了一行字:自信和真理之间只需要一根柱子。

奥巴马认为:很多时候,我们要敢于坚持自己的选择。敢于顶着巨大的压力坚持自己的初衷,这本身需要过人的勇气和智慧。所以,当我们发现自己选择的道路是正确的时,一定要敢于相信并坚持自己的想法。

很多人之所以失败,绝不是上天不庇佑,而是关键时刻自我放弃;一个人之所以成功,也绝不是上天的恩宠,而是矢志不渝地自我相信。因此,不管是何时,这个世界上的幸运者和成功者,大多数都是坚信自己的选择,并为之付出努力的人。

1980年5月8日对于全世界人民来讲都具有重大的意义。第三届世界卫生组织大会通过电波向全世界宣布了一条激动人心的消息:令人谈之色变的恶性传染病——天花,终于在危害了人类数千年之后彻底从世界上销声匿迹了。全世界人为之欢欣鼓舞。这些功劳无疑要归功于英国医生詹纳。

天花是世界历史上流行时间最长的传染病之一,早在公元1000年前的埃及木乃伊身上就曾发现有天花的疤痕。中世纪时，天花成为欧洲最流行的传染病。在牛痘接种法发明之前，欧洲人对付天花的唯一办法就是逃避。

天花病毒如影随形地跟随着心惊胆战的人们，肆无忌惮地吞噬着他们的生命。统治者为了消除人们的恐慌，不惜杀死患者及其家属。

英国医生爱德华·琴纳发现在天花肆虐时，农场中的牛奶工却安然无恙。于是他开始把注意力转向了这里。经证实，用牛痘接种，可以使人避免出天花。

但是，当时的人们对于这一结论产生了质疑，而且对他将人与动物同等看待的做法很不屑，甚至要剥夺他行医的资格，把他开除出医学会。但琴纳坚信自己的结论是正确的："让人家去说吧，我走我的路！"

而事实证明他是对的。牛痘的出现使天花成为人类唯一可以被彻底消灭的传染病，增加了人类消灭其他传染病的信心和勇气。更为重要的是，天花的克服使人类发现了自身的免疫功能，从而成功开辟了新的医学领域——免疫学，因此拯救了无数的生命。

一个人只有在充分相信自己的情况下，才能激发出更多的潜力和激情。当我们满怀激情地投入到自己的工作或者事业中时，就能够产生更多的创意或更好的想法。

正如奥巴马对女儿说的那样：成功源于对自己选择的充分信赖。只要我们坚持这样的信念，也同样可以为自己创造美好的未来。

第二章

『停止消极，没有到达不了的明天』

现在你不要再怀疑自己了，也别再怀疑身边的人。你不希望被人挑剔，那么也不要再去挑剔身边的人。想想你给别人带来的是什么样的感受吧——即使出发点是好的，别人也不想听到那么多消极的事情呀。

1.重要的不是土壤，而是你播种了什么

生活不可能完全公平，每个人的出身也不会完全相同，如果一味地纠结于此，那么很难想象成功会光临你的寒舍。只有学会适应生活的不公，才有可能从内心深处爆发出无限的潜力，让自己更有勇气去寻找属于自己的成功。

1961年8月4日，小奥巴马在美国夏威夷檀香山出生了。那时候，他的父亲贝拉克·奥巴马还不是黑人经济学家，只是一名在夏威夷念书的肯尼亚留学生。母亲安·邓纳姆则是一位非常年轻的白人姑娘，来自堪萨斯州。尽管这段恋情不被亲友们认可，但勇敢的小姑娘还是顶住巨大压力，义无反顾地嫁给了老奥巴马。她所面临的压力包括：女方父母狂怒的反对；当时美国法律规定黑白通婚属犯罪行为；老奥巴马在肯尼亚已有老婆孩子，但他声称"感情已经破裂了"。那年，她刚18岁。

然而，或许是因为不被亲友们祝福吧，如此感天动地的爱情故事仅仅过了数年就宣告结束了，他们的婚姻很快也随之结束了。老奥巴马要离家前往哈佛大学念经济学的博士学位，就把年轻的妻子和年幼的儿子奥巴马（那时他才两岁）抛下了——他没有钱带上妻儿同去。就这样，奥巴马在两岁的时候被父亲抛下，直到1982年父亲在肯尼亚死于车祸，奥巴马才见了父亲一次。他一直跟着母亲和外祖父母长大。

在奥巴马6岁时，母亲嫁给了一名印尼石油公司的经理罗洛·苏托洛。苏托洛由于工作原因需要去雅加达，于是，邓纳姆带着小奥巴马也去了印尼。在那里，奥巴马度过了4年的童年时光。

继父是个很和蔼的人，对奥巴马很好，但后来却变得酗酒花心。奥巴马

10岁时，母亲与继父离婚。奥巴马回到了夏威夷，大部分的时间他和外祖父、外祖母生活在一起。邓纳姆带着她与苏托洛生的女儿玛亚又回到印尼。当时，邓纳姆生活十分困难，她自己在攻读人类学博士学位，还要省吃俭用供儿子读书，所以奥巴马一家挤在一个很小的公寓里，过了一段清苦的日子。

然而，中学阶段的奥巴马也像其他处于青春期的叛逆少年一样放荡，甚至更过分。由于对复杂家庭的不理解和被混血身份困扰，他在恣意放纵中度过了少年时代，经历了一段街头混混的生活。

因为高中时不务正业，所以他在学习上也不用功，虽然他的成绩还不错。他付出的努力刚好让他被大学录取，这对他而言看起来相当容易，但他没有全力以赴是肯定的。

奥巴马在加州西方学院只待了两年，随后转至纽约市的哥伦比亚大学，学习国际关系专业。之所以选择这个专业，是因为他自小就生活在一个国际关系的大家庭中。

大学三年级时，他将自己的专业定位于政治学与国际关系，并写了一篇有关苏联核裁军的论文。奥巴马将他的大学时期描述为"一段高强度的求学过程"。"我大部分时间都待在图书馆，并不参加社团活动，过得如同僧侣。"所以，在哥大，奥巴马成绩优异。

大学毕业后，奥巴马到芝加哥的一个穷人社区做起了社区工作者。虽然年薪只有1.3万美元，但做社工让他感受到更多社会底层人的生活。而且更重要的是，社区服务经历让奥巴马决心从政。

一旦决定从政，奥巴马思路变得异常清晰。他要竞选职位尽可能高的公职，所以必须具备为公众服务的知识和能力。于是，他决定报考哈佛法学院，攻读法学博士学位。

他于1988年考入哈佛法学院。1990年2月，他就当选了全美最权威的法学杂志《哈佛法学评论》的总编辑。这是哈佛法学院所有1600名学生中最高的荣誉，而奥巴马是《哈佛法学评论》104年历史上第一位争取到这个位子的非洲裔美国人。

出人意料的是,奥巴马并没有凭借这些不凡的资历在司法界谋职,而是选择回到芝加哥做民权事务律师,在芝加哥大学讲授宪法课程,同时开始从事推动选民登记工作,帮助比尔·克林顿及其他民主党候选人竞选。这些综合经历对他未来选择进军白宫影响深远。

1996年,奥巴马第一次参加公职竞选,便在伊利诺伊州参议院竞选中获得了一个芝加哥代表的席位,并连续担任了8年。无论从哪个方面看,这都是他早年做社区组织工作的必然结果。

2000年,他竞选联邦众议员,但没有成功。尽管如此,他已在美国政坛崭露头角,并应邀在2004年民主党全国代表大会上发表主题演讲。同年11月,他在国会选举中当选伊利诺伊州联邦参议员。

2007年2月,奥巴马正式宣布竞选总统。2008年年初,民主党总统预选启动后,奥巴马一直落后于竞争对手——纽约州联邦参议员希拉里,但在2月5日"超级星期二"后逐渐赶超,并保持领先,直至6月3日预选结束。8月27日,奥巴马在民主党全国代表大会上获得了总统候选人提名,开始了与麦凯恩的角逐。

最后的结果我们都知道,47岁的他成功到达了权力的巅峰。

奥巴马确实因为出身受到过轻视,但是他在奋斗的过程中从来没有深陷于抱怨不公之中。相反,他把这种轻视转化为奋斗的动力,用这种不公平的境遇拉近了和底层选民的距离。他要改变的就是美国的症结,让每一个美国人都能得到相同的待遇,不管是白人,还是黑人。

奥巴马在给女儿的信中提到:在我成长的过程中,作为一个黑人少年,我接收了大量的、负面的陈旧观念,并且和许多黑人一样,走了不少弯路。所以,我亲爱的女儿,我希望借我的经历告诉你们,抱怨不公或许可以为自己的无所作为找到借口,但最终都不会做出什么成绩来。当你用积极的心态看待事物的时候，那么你无疑就是成功的。

世上没有绝对公平的事情，我们每个人的起点可能不同，但是终点却有可能完全一样。甚至，经历过更多痛苦的人会走得更高更远。

传说，在那遥远的地方有一座成功的殿堂。

但到底有多远？没有人知道，为此，很多人都望而却步。

传说会是现实吗？没有人知道，为此，很多人都无动于衷。

也有努力的人，也有拼搏的人，只是他们都在一无所获中迷途而返。

久而久之，人们便将这个传说遗忘了。

直到有一日，甲、乙、丙三个人结伴而行，踏上了寻找殿堂的路。几经风吹雨打，他们依旧前行。

几经坎坷曲折，他们决不放弃。

几经岁月沧桑，他们更加执着。

有道是：有志者，事竟成！终于，三个人到达了成功的殿堂，他们用实际行动证明了：这不是传说，而是现实！

三个人在殿堂门外祈祷、膜拜。

从殿堂中走出了一个圣者，手中捧着一顶成功的桂冠。

三个人争相说道："伟大的圣者啊，请您赐予我们成功吧。"

圣者犹豫了一下，说："但是，我这里仅有一顶成功的桂冠，只能给予你们其中的一个人。"

三个人听后，面面相觑，不知所措。

圣者说："那就这么办吧，我这里有三块圣地，大小不同，你们一人一块，最终，谁收获的价值最大，成功的桂冠就属于谁，你们觉得怎么样？"

既然没有更好的办法，三个人只好同意。

但问题又来了，三块圣地大小不同，得到大的圣地当然更有优势。为了公平，他们三个人选择抽签。

结果，甲得到了最大的圣地，乙次之，丙得到了最小的一块，三人占有的土地面积大小为：乙加上丙，等于甲。

为此，甲春风得意，势在必得，乙心猿意马，消极怠慢，而丙却开始思索。

转眼间，十年过去了……

结果令人诧异，甲的收获加上乙的，远远小于丙。

甲与乙心下不服，问："这是为什么？难道这就是人世间的不公吗？"

丙无语，而是带他们从三块圣地中走过，原来，甲种的是杨树，乙种的是荆棘，丙种的是紫檀。

就在这时，圣者从殿堂中走出，总结道："人生就像这一片圣地，或许你本身拥有的比别人少，但你得到的却可能比别人多，就看你耕种什么，经营什么。成功更是如此，不仅看你如何努力，更要看你怎样付出。更多时候，是付出的方式直接决定了成败。"

于是，丙当之无愧地戴上了成功的桂冠。

人生正如一片土地，或许你的不如别人的大，不如别人的好，但你可以种上更昂贵的东西加以弥补。成与败，不在于地的大小，而在于种地的人。那些取得成功的少数人，正是敢于在人生中种上更昂贵的梦想，所以才得到了更金色的现实。

2.最深的绝望里依然能开出希望之花

每个人的一生都不会风平浪静，生活也都不会一帆风顺。我们在人生的旅途中前行时，难免会陷入"枯井"中，各式各样的困境就像不停掉落的尘土让人无处躲藏。但是，即便是这样，我们也不应该放弃与绝望。

假如我们绝望了，就会陷在井中无法脱困。相反，如果我们能够相信生命还有希望，乐观豁达地面对一切，那就有可能将落在身上的泥土转变成帮助自己脱困的垫脚石。相信这样，我们灰暗的心就能被照亮。

正如几米写过的一段话："掉落深井，我大声呼救，等待救援……天黑了，黯然低头，才发现水面满是闪烁的星光。我总是在最深的绝望里，遇见最美丽的惊喜。"

20世纪末，奥巴马还是一位州参议员，正值第一任期结束之时，他把注意力转移到了伊利诺伊州的第一国会议员选区的换届选举当中。

伊利诺伊州向来有着黑人当选议员的传统，基于此，奥巴马认为自己胜选的概率很大，最终决定和代表芝加哥南区参选的黑人国会议员鲍比·拉什进行同台竞选。不过，奥巴马的朋友们并不支持他的决定。他们认为，芝加哥南区一向是鲍比·拉什的大本营，而且黑人选民也大都是民主党派的工人。

鲍比·拉什可以算作是一个传奇人物。他生于芝加哥，自1992年当选为市议员后连任4次，这些为53岁的鲍比·拉什镀上了一层神秘的传奇色彩，而且选民们也没有充足的理由找别人来代替他。当时有一个民调调查反应：拉什知名度高达90%，而奥巴马仅为10%。所以，尽管奥巴马认为自己比鲍比·拉什更优秀，而且拉什并未对选区做过任何有意义的工作，但是大多数的民众并不这样认为。

然而，奥巴马依然坚信自己的决定。1999年年初，鲍比·拉什曾经参加普林菲尔德市长的竞选，直接挑战当时在任市长理查德·戴里，很不幸他失败了，这使他在黑人选民中的支持率陡然下降。奥巴马通过这件事看到了自己的机会。

奥巴马作为一个在当地非常受民众欢迎的州参议员，代表海德公园选区参加了这次竞选。但是，在拉什的国会选区，他还是一个无名小卒，而且有人指责他皮肤太白，不算纯种黑人。这些意外状况打乱了奥巴马最初的计划。

奥巴马找到了市长戴里，希望能得到他的支持，出人意料的是，市长毫不隐讳地告诉奥巴马，他没有任何获胜的希望。戴里说："虽然拉什当时竞选市长的时候失败了，但并不代表在众议院选举中会败给一个新人。"此时，奥巴马才真正意识到自己的路将异常的艰难和坎坷。

尽管如此，奥巴马依然没有放弃。他在辩解时，指出拉什目光短浅，没有远见，更缺少领导能力。所以最后，他的这些辩解之词被扣上了"说教的学院派"的帽子。有一次，奥巴马在教堂进行竞选演讲时，他的竞选助手看到台下的听众中居然有人睡着了。

面对这些打击和挫折，奥巴马依然决定坚持下去。就在这时，拉什的儿子休伊在南区的一条街道上被枪杀了。奥巴马的竞选团队敏锐地抓住了这个信息。他们发现，拉什的儿子休伊从小到大主要是由他的姑姑抚养，拉什很少照顾他，这让奥巴马看到了翻盘的希望。他决定利用这个负面新闻再次打击竞选对手。但是，如果利用这些来攻击拉什，无疑会适得其反，因为整个州的人都非常同情这位刚刚失去儿子的父亲。这让他最后的一线希望也破灭了。

得不到市长戴里的支持，奥巴马的竞选几乎是必败的。坚韧的奥巴马自然不会就此放弃，但是，他的坎坷之路还没结束。

拉什的儿子休伊死于枪杀，而且伊利诺伊州各社区枪支犯罪十分猖獗，所以，州长向州参议院提议将非法拥有枪支定为重罪。之前奥巴马一直都坚持这样的主张，然而关键时刻，身居夏威夷的奥巴马却因为女儿生病未能回去。奥巴马从政以来很少和家人在一起，这一次他希望能多陪陪家人。最终该议案以3票的微弱劣势未获得通过，一时间，奥巴马成了众矢之的，受到了来自各方的严厉指责，也失去了在所有支持该议案的民众面前表现的机会。同时，拉什趁机谴责他没有履行自己的职责，放弃了史上最重要的一次投票。

最后，奥巴马在竞选中仅存的希望被克林顿总统彻底击碎了。克林顿总统首次打破党内选举竞争中保持中立的原则，在一次大型选举宣传活动中，旗帜鲜明地支持拉什。拉什最终获得了高达61.02%的选票，而奥巴马仅获得30.36%，以失败告终，他的人生简直跌到了低谷。

这是奥巴马从政以来最黑暗、最困难的一段时光。而他后来的故事却非常精彩：他当选了国会议员，继而当选为总统。短短几年内，他是如何迅速重新振作起来，登上人生顶峰的呢？最关键的一点是，他的从政热情从来没有因为跌宕起伏的打击而消失，相反，他更坚定了通过从政实现自己理想的目标。

奥巴马一路走来，经历了很多坎坷和打击，但在他看来，这些挫折都不是问题，他以从容而坚毅的心态，战胜了一个又一个困难，最终迎来了光明的时刻。

奥巴马告诉女儿要勇于追求希望，首先自己要有坚定的信念。信念是一面旗帜，这面旗帜任何人都可以免费获得。也许，在成长的道路上，我们缺乏的不是机遇，也不是智慧，而是决心、希望。很多人在处理事情的时候，总是怀疑、担心，最后很多事情都没有干成。因此他说："人生可以没有很多东西，却唯独不能没有希望。有了希望，你才能不断地勇敢向前。"

在紧邻西太平洋的一个小村子里，由于地处荒漠地带，所以这里常年看不到绿色，没有一点生机。人们只能依靠政府从远处运载食物和用品度日。

有一年，加拿大一位名叫罗伯特的物理学家在进行环球考察时经过这里。他在村子里住了几天后发现了一个奇特的现象：除了村子里的人，他没有发现多少生命迹象，只有蜘蛛四处繁衍，生活得很好。

对于这一重大发现，罗伯特极为感兴趣。他好奇，为什么只有蜘蛛能在如此干旱的环境里生存下来？于是，罗伯特把目光锁定在蜘蛛网上。他借助电子显微镜细心地观察后发现，这些蜘蛛网具有很强的亲水性，极易吸收雾气中的水分，而这些水分正是蜘蛛能在这里生生不息的源泉。

罗伯特开始在心里琢磨：蜘蛛尚能如此，为什么人类不能像蜘蛛织网那样截雾取水呢？

在当地政府的支持下，罗伯特研制出一种人造纤维网，选择当地雾气最浓的地段排成网阵。这样一来，空中的雾气就会被反复拦截，从而形成大量的水滴，这些水滴滴到网下的流槽里，就成了新的水源。

据测算，这种人造"蜘蛛网"平均每天可截水多达上万升，不但满足了当地居民的生活用水，而且还可以用来灌溉土地，使这片昔日荒凉的荒漠展现出了勃勃生机。

也许一百人来到这里，会有九十九个不抱希望，然而罗伯特却在这种看似绝望的环境里发现了新的希望。实际上，在任何地方，任何事情上，都不存在真正的绝境，之所以绝望，是人的心理在作祟。

如果你想要成功，当以恒心为良友，以经验为参谋，以当心为兄弟，以希望为哨兵。无论你是否看得清未来，无论你的前途是否仍处于暗淡之中，只要希望之火不灭，你就一定会凭借它找到出口，就像莎士比亚所说的："黑夜无论怎样悠长，白昼总会到来。"

人生就是这样，只要心存希望，那些来自外界的不幸不管多么沉重，不管多么巨大，总会有一条路在我们脚下延伸开来。这个世界上，从来都没有什么真正的"绝境"，一切都是相对的。所以，不管摆在我们面前的是怎样的境遇和状况，我们都不要忘了给自己一个希望。只要坚定了这个信念，我们就一定会找到新的出口，也就一定会战胜那些看似难以跨越的困难。

3.失败只是人生中的插曲

任何一个成功人士走过的路都不是平坦的,他们比普通人经受的挫折要多,但他们永不言败、永不服输的精神让他们走到了最后。所以,我们不能把眼光拘泥于挫折的痛感之上,而应该总结失败中的经验和教训,从中找到属于自己的东西,才能将失败化为成功的因素。

没有谁的人生之路会是一帆风顺的,也没有谁能保证自己的生活始终是风平浪静的,即便是美国总统奥巴马也会遭遇各种困境。但奥巴马依靠这种坚韧不屈的精神克服了种种困难,坚持到了最后的胜利。

奥巴马曾经跟自己的女儿说过,人生之路总是充满让人意想不到的坎坷,生活中除了有阳光和鲜花,还有很多风霜和荆棘。所以,应该学会用正确的心态和坚韧不屈的精神来对待自己遇到的那些困难和挫折,而不应该一味地退缩或者逃避。

他是这么说的,也是这么做的。

奥巴马在竞选联邦众议员的时候,经历了从政以来最严重的一次失败,但他并没有被这次失败击倒,而是迅速站了起来,变得更加坚强,更有智慧了。奥巴马一共担任了三届伊利诺伊州参议员,总共八年时间。2000年3月,当时的他才做了一届州参议员,从政也不过四年,而且有些急功近利,所以失败对他来说并不是一件坏事。

在奥巴马刚当上州参议员不久,哈佛的政治学者罗伯特·普特曼就邀请奥巴马加盟他所在的萨古拉论坛。这是由一批有名气或有发展前途的政治家与政治学研究工作者共同发起、组织和参与的全国性组织。在这里,奥巴马有机会了解到很多政治理论，并认识了很多实践方面的精英，同时也让他的思想和理念在更大范围内得以传播。

奥巴马说话很坦率，丝毫不隐瞒自己的政治抱负。他对许多重大的政治议题直抒己见，由此表现出来的政治野心吸引了不少人的注意力。他在人脉方面开始大下功夫。他多方拜师，其中就有后来成为伊利诺伊州参议院多数党领袖的民主党元老艾米尔·琼斯。并在后者的领导下，奥巴马负责伊利诺伊州的社会福利、公职竞选的财政补助及罪犯改造等方面的改革工作，这给了奥巴马创造政绩的机会。

一位在政坛很有权威的人这样评价奥巴马：奥巴马确实与众不同，他似乎有着一种特殊的本领，能让人们对他所认定的议题进行认真思考。不管是因为他能读懂别人的心理，还是他有办法让别人跟着他的思路走，能做到这一步，就说明他已经不是一个一般的政客了。他是一个干大事的人，不会拘泥于一个小小的州参议员。

州参议院和众议院属于立法系统；公安、法院、检察院属于司法系统，是法律的执行机构；而州政府那班人马则属于行政系统。行政与司法是执行机构，即使现有法律不公正，他们也必须按现有法律执行，只有立法系统才有最终对法律的修改权。当然，两者之间有某种互动关系。

奥巴马当时的任期为四年，他后来又被选中连任一期。整个参议院的成员又被分为三个组，其中一到两个组的议员每两年改选一次，如此交替进行。这样做的原因是，每两年都有一定量名额的参议员需要选民重新确定续任或改人，而同时绝大部分又是已有经验的在任未到期的议员，既稳定又有更新和交替。

在任职的过程中，奥巴马不仅丰富了自己的经历，还让自己的人脉越来越广。他从那一次失败中站起来之后，有了比之前更为明确的目标，而且更觉得有可行之道。他以前认为自己口才出众，可以通过演讲把自己推销出去，而在当选伊利诺伊州议员的过程中，他虽然经历了失败，但是这次失败让他醒了过来，明白了之前不明白的道理。这对奥巴马来说，是一件好事。

事实上也是如此。奥巴马在州议员位置上蛰伏了很久，他一直在等待机会的来临。他的羽翼慢慢丰满起来，从政经历也多了起来。在下一届的联邦议员竞选中，他以压倒性的优势胜出。最后到参加总统竞选，前后不过八年时间。可以说，奥巴马经历的那次失败，是他人生的一个转折点。

奥巴马说："我知道我将要走的是一条漫漫长路，我可能会经历许多失败和挫折，但立志成功的雄心使我不允许自己放弃。"

在通向总统的道路中，很难统计奥巴马到底经历了多少次失败，即便现在的他是成功的，但在成功的背后其实也隐藏着很多的失败。我们不能只看到他台前的光鲜亮丽，而不去想他在背后付出的艰辛以及来到台前这段过程中经受的痛楚。

诚如奥巴马在给女儿的信中提到的那样：每个人在蜕变的过程中，苦难总是难以避免的历练。

一个人遭受一次挫折或失败，就该接受一次教训，增长一分才智。正所谓"失败是成功之母"。如果把失败当作结局来看待，失败就会形成一种破坏性的力量；相反，如果把失败当作经验加以总结，那么，它将成为成功的垫脚石。每个人都会遭受挫折和失败，所以，我们要善于从中吸取教训、总结经验，才能最终走向成功。每个人的一生当中都会有数不清的挫折和失败，并不可能完全地一帆风顺。所以我们要获得成功，就不能被这些东西打倒，而应该迅速站起来，在逆境之中磨砺自己的心志，找到通向成功的道路，如此才有可能接近成功。我们在遇到困境时，要懂得安慰自己，寻找走向成功的方法。

受苦的人，没有悲观的权利。因为受苦的人，必须克服困境，悲观和哭泣只能加重伤痛，只有让自己积极起来，才能渡过难关。积极乐观地面对生活中的一切，面对挫折永不服输，才会让自己更有斗志，最终获得他人的认可和青睐，实现自己的价值。

奥巴马曾经给女儿们分享过巴威尔的故事：

英国作家巴威尔写作前是一位富翁，但是他没有选择和他财力对等的享乐型生活，而是选择了挥笔写作。之后，他千辛万苦创作出来的首部诗作《杂草和野花》，被当时的文学界讥讽为真正的"杂草和野花"。许多当时颇有影响力的文学家不屑一顾地相互议论说："巴威尔那个家伙真不自量力，以为凭一句'啊！美好的生活'就可以青史留名，真是可笑，太可笑了！"他因此成为当时文学界最大的笑料，是人们茶余饭后消遣的最好谈资。

后来，他再次努力创作小说《福克兰》，又成了一部失败之作。这次，曾经嘲笑他的人更坚信自己的看法了，他们像宣告真理一样，嘲笑巴威尔：垃圾根本无法回收。

意志薄弱者如果遇到这种情况肯定会放弃，然而巴威尔却继续笔耕，坚持不懈，不达目的决不罢休。他的这种不被打倒的意志让他对创作充满了冲击和拼搏的力量。通过不断的努力，广泛的阅读，他最终走出了失败的阴影，迈向了成功。继《福克兰》之后，他在一年之内又发表了作品《伯尔哈姆》。这次，读者给出了一致好评。巴威尔从此之后一发不可收拾，开始了长达三十多年的文学创作生涯，写就了一系列优秀作品，一举登上了世界文坛的巅峰。

试想，如果当初巴威尔沉沦于失败中，沉陷在别人的嘲讽中，那他还会有这样的成就吗？我们在前进的过程中，难免要面临各种各样的失败。失败并不可怕，我们只要彻底清除思想中与失败相关的所有东西，然后拍拍身上的灰尘重新站起身来，就一定能够争取到未来的甘甜。

海明威的《老人与海》里有这样一句话：你可以被打败，但不能被打倒。没错，坚持就是这样，只要我们相信它、坚信它，那它就不会让我们失望；只要我们不抛弃它、不对它放手，那它也不会抛弃我们，会一直引导我们走向成功的巅峰。

奥巴马不止一次告诉女儿：失败只不过是生活中的一个小插曲，挫折只不过是人生的一个阶段，如果我们能够正确地对待，就能够拥抱明天的阳光。

奥巴马在一次演讲中，分享了他的成功经验：失败并不可怕，它只是给我们一个机会，让我们可以认识到自己的欠缺，从而为下一次成功积蓄更多的力量。这世间到处都是和我们一样刚刚起步的人，任何一个瞬间都是许多种结果的开始。难道刚遇到困难、障碍物、绊脚石，我们就借口徘徊不定、裹足不前了吗？

诚然，在遭受打击的时候，我有时会有种被击昏的感觉，感觉自己就要投降，要认命，要逃跑了。其实，这种感觉只不过是那么一小会儿。当我看到眼前出现了新的事物，哪怕只是窗户前绿油油的盆栽，透过窗户吹进来的徐徐微风，也会有种重新奋进的勇气。

生活中，很多人之所以能够取得成功，是因为他们站起来的次数比他们倒下的次数多。即使被打倒1000次，也要有第1001次站起来的勇气和信心。他们把握住了那万分之一的机会，最终站在了山巅上，笑看人生。

4.任何时候都不要放弃自己

世界冠军邓亚萍常说："我不比别人聪明，但我能管住自己，一旦设定了目标，绝不轻易放弃，因为我没有输的理由。"聪慧、远见等确实是成功所必备的因素，但要想成功，不放弃才是基础，因为一旦我们放弃了自己，聪慧和远见都将失去意义。

奥巴马说："我曾经是最不肯赢的人。"说这句话的时候，奥巴马正站在芝加哥美丽的夜空下，激情澎湃地向台下数万名的支持者发表总统获胜感言。奥巴马最终获得了成功，最终赢了那些不可能赢的人，这是为什么？

他在分享成功经验时说："要记住，哪怕你表现不好，哪怕你失去信心，哪怕你觉得身边的人都已经放弃了你，你也永远不要放弃自己。因为当你放弃自己的时候，你也放弃了自己的国家。

"美国不是一个人们遭遇困难就轻易放弃的国家。在这个国家，人们坚持到底，加倍努力，为了他们所热爱的国度，每一个人都尽着自己最大的努力，不会给自己留任何余地。"

当选总统那一年，他47岁，有一个贤惠的妻子和两个可爱的女儿，几年前还通过自传得到的稿费还清了贷款。他曾经有一位慈祥的外祖母，"外祖母是我一生的财富"。然而非常不幸的是，在奥巴马竞选期间，他的外祖母患病去世了，这对奥巴马来说是一个不小的遗憾。

他在演讲中说，他最初没有钱、没有场地、没有人脉，甚至连妻子的支持都没有——"她怕我的身体经受不住"，可以说，奥巴马的一切都让他显得毫无成功的希望。而且在竞选中，他的出身、肤色、曾经的劣迹总是成为对手攻击的首选。他曾经在高中的时候迷失自我，他"不知道自己是谁"，肤色的差别给他带来了无尽的困扰，他不知道为什么自己黑、别人白，他为什么要从夏威夷跑到印尼，又从印尼回到美国，只能一个人默默地去承受这些打击。那时候，在奥巴马身上有太多的问题难以解答，这也是他最初不被看好的原因。

但是这些并没有阻止奥巴马追逐自己的梦想。他有一个梦，正如他的偶像马丁·路德·金怀有一个梦一样，那篇著名的《我有一个梦想》一次又一次地打动奥巴马的心扉，启迪他的心灵，让他向"不可能"冲去。有了这样的理想和偶像，奥巴马就真的披荆斩棘向自己的目标奔去。为了心中不灭的梦想，奥巴马夜以继日地工作，并深入社区，关心失业者和无家可归的人；他在辩论台上与对手唇枪舌剑，回到家里，他还要关心孩子的学习成绩，操心孩子的学费。

奥巴马的竞选之路是在艰辛中度过的，但他从没说过放弃，因为他有自己的理想。他相信只要自己肯坚持，理想终究会实现。诚如他所说："我谈的是当奴隶们围坐在火盆旁取暖，高唱自由之歌时心中的希望；一个有着奇怪名字的小孩深信美国将有他一席之地时的希望。希望——面临艰难困苦时的希望，面对不确定性时的希望，无畏的希望。"

2000年，奥巴马竞选全国众议员失败。他的信心因此受挫，连他的妻子也劝他不要再从政了。那段时间对他来说确实非常痛苦，政治之路不仅仅让他面临选举的失败，而且还破坏了家庭的和睦。妻子米歇尔对他的怨气越来越难以克制，两人之间经常发生一些争吵。他在《无畏的希望》中写道："当我开始那次注定失败的议员竞选时，米歇尔丝毫没有掩饰自己心里的不满，突然之间，打扫厨房也不再是一件可爱的事情了。"

就在这艰难之际，奥巴马接到了来自乔伊斯基金会的邀请。新主顾为他提供了基金会主管的职位，并许诺给他非常丰厚的报酬——年薪100万美元。妻子米歇尔建议他接受这个邀请，这样就能为家庭带来经济上的保证。在去面试的途中，奥巴马感到从未有过的紧张。他有失败的阴影，他害怕面试失败，但同时也有另一种害怕，那就是害怕面试成功。他不断地思考：我真的要退出政坛了吗？

面试中，奥巴马表现得非常引人注目，乔伊斯基金会的董事们觉得奥巴马能够胜任这份工作，但他们也看出奥巴马并不想要这份工作。奥巴马也在面试过程中明白了自己绝不会放弃政治！他回到家里，对自己的妻子说："让我再试一次。"

在2006年10月的电视访谈节目《会面新闻界》中，奥巴马表示自己可能参与2008年的总统大选。随后民意机构将他的名字加入到民主党候选人的民意调查表中。首次民意调查显示：奥巴马获得17%民主党人的支持，而希拉里·克林顿获得28%的支持。面对如此大的落差，奥巴马也没有放弃竞选总统。

对奥巴马来说，所有的一切都是尝试，他必须比别人更坚韧，必须比别人更有勇气去尝试那些不可能的东西。他不惧怕失败，也不惧怕别人的打击。在他看来，每一次的尝试都会给他带来无尽的财富，那是那些出身条件好、别人更看好的竞选人所买不到的。他把自己当作亿万美国人当中的一员，不是统治他们的人物，而是与他们处于同一阶层的美国人。他的这种尝试，赢得了美国人的敬仰，也赢得了美国人的支持。

很多人称奥巴马是永不言败的政治家，他在政治道路上确实经历过一些诸如此类的失败，但是他善于学习，善于总结教训，善于付出更多的辛苦……永不放弃在奥巴马身上可谓是体现得淋漓尽致。

奥巴马对女儿说："在你生命的任何阶段，都有可能产生自我怀疑的消极状态。每当你觉得自己很脆弱的时候，这些消极的念头就会在你心中涌现出来。但是，孩子，我想说的是，我们每个人身上都是带有能量的，只不过有的人身上带的是积极向上的正能量，而有的人身上带的是消极的负能量。我们的意念力来自于我们内在的能量场，所以我们要减少消极因素，保持平和的心态，这样才能给自己的人生增加正能量。"

痛苦像一把犁，它一面犁破了你的心，一面掘开了生命的新起源。然而，唯有永不言弃、永不绝望的人，才能掘开生命的新起源。那些在艰难困苦面前畏缩后退的人，只能成为碌碌无为的人。失败、挫折、痛苦和劳累等往往让我们产生放弃的念头。然而，如果我们放弃了，之前的一切努力就都付诸东流；如果我们坚持下去，成功可能就在不远处。

美国有一位著名的广播员——莎莉·拉菲尔。她在30年的职业生涯中，曾经被辞退过18次，不过她每次都把眼光放在最高处，确立更远大的目标，坚持不懈地走自己所选择的路。

最初，美国多数无线电台认为女性不能够吸引观众，于是没有一家电台愿意雇用她。之后，莎莉·拉菲尔好不容易在纽约的一家电台谋到一份差事，但不久又遭到辞退，说她跟不上时代。

莎莉并没有因此灰心丧气。她总结了失败的教训之后，又向国家广播公司电台推销她的清谈节目构想。电台勉强答应了下来，但提出要她先在政治台主持节目。莎莉·拉菲尔对政治不懂，一度犹豫，但最后信心促使她大胆去尝试。由于她对广播早已轻车熟路，于是就利用自己的长处和平易近人的作风，谈论即将到来的7月4日国庆节对她自己有何种意义，还邀请听众打电话来畅谈他们的感受。这种新颖的节目，即刻引起了听众的兴趣，她也因此一举成名。

如今，莎莉·拉菲尔已经成为自办电视节目的主持人，曾两度获得重要的主持人奖项。她对采访的记者这样说："我被人辞退18次，本来会被这些厄运吓退，做不成我想做的事情；相反，我却把它们视为鞭策我前进的动力。"

正如奥巴马在给女儿的信中提到的：孩子，一定要记得，你想成为什么样的人，就会成为什么样的人。心中总是充满消极的念头，那么你的生活就会陷入悲观失望中；保持积极的心态，你的生活就一定充满阳光。

爱迪生在研制白炽灯时，尝试了上千种材料，都均告失败。有人嘲笑他说："你永远不会成功。"爱迪生不为所动，沉下心来，废寝忘食地坚持研究。终于，他成功研制出了世界上第一枚电灯，给世界带来了光明。

在爱迪生的发明中，遇到困难最多、耗费时间最长的就是蓄电池了。

他一共花了15年的时间才研制成功。在这个试验中他共失败了五万多次。当所有人都灰心丧气时，他却乐观地说："我想，'自然'并不是无情的，它一定不会永远深藏着蓄电池的秘密。"终于，他成功了！他的蓄电池被用于火车、轮船上，成为发电厂的电力，甚至直到今天人们还在使用这种蓄电池。

蓄电池之所以能够研制成功，就在于爱迪生永不放弃的精神。他一生坚持研究，创造了一系列令后人获益匪浅的发明。他的名字熠熠生辉地烙印在史册上，经岁月流洗而不褪色，盛名流传至今。

奥巴马在写给女儿的信中说过，任何时候都不要放弃自己，只要不放弃，随时纠正自己的不足，坚持不懈，未来的机会绝对是属于自己。

5.你才是自己的上帝

西方有一句谚语是这么说的："上帝只拯救能够自救的人。"我们中国也有一句古训叫作"自助者天助"。其中蕴含的道理都是相通的，就是无论遇到什么事情，都要依靠自己的力量去解决，别人能给予的帮助所能起到的只是辅助作用。当困难摆在眼前时，相信自己的能力，勇敢地解决问题，才是强者应有的表现和姿态。

奥巴马在一次演讲中向美国人民说了一句非常有道理的名言，也是这个意思：我们就是我们一直在等待的救世主。

2012年10月3日晚，争取连任的奥巴马和罗姆尼在科罗拉多州的丹佛大学展开了美国总统大选的第一场辩论。这场辩论的焦点集中在美国经济、债务及政府管理等方面。在辩论中，罗姆尼攻击奥巴马执政4年来的经济政策。他说："美国普通民众收入下降，食品价格和油价上涨，政府赤字翻番等很多问题都是由奥巴马政府的错误经济政策造成的。"

接着，罗姆尼重申了他创造就业的"五点计划"：发展油气等传统能源产业，加强民众技能培训，签订新的国际贸易协定，削减联邦政府财政赤字，降低税收以刺激工商业发展。

对于这次辩论，电视媒体一边倒地认为罗姆尼取得了胜利。

面对这种情况，奥巴马并没有泄气，而是设法自救，他跟人调侃："第一场辩论时，我睡得很香。"到了第二场辩论，奥巴马表现得积极主动，发挥了自己的辩论优势和良好口才，抓住罗姆尼在辩论中的一些不妥之处，充分表现了自己的睿智。

第二场辩论结束后，奥巴马支持率以46%反超罗姆尼的43%。

综观奥巴马的成功之道，对于每一次危机和挫折，他都是以冷静的姿态面对，依靠自己的能力分析问题，最终克服了困难。当不幸降临，我们无路可走的时候，必须依赖自己，靠自己的力量跨过坎坷。世界上没有无法克服的困难，只要我们愿意发挥自己的主观能动性，必定能找到克服苦难的方法。

有个失业在家的年轻人听说邻村来了一位神父，很多经过神父指点的人，命运都发生了奇迹般的转变。年轻人很振奋，决定找神父帮帮自己。

当年轻人来到邻村后，他对神父说："敬爱的神父，我已经失业半年了，糊口都成了问题。您能帮我推荐一份工作吗？我的要求并不高，只需要一份能糊口的工作即可。"

神父摇摇头，说道："这个忙，我帮不了。"

年轻人开始很失望，继而愤怒起来："您能让餐馆老板的生意好起来，也能治好失眠患者，甚至可以治好癌症患者，为什么我这么简单的事您都不肯帮一帮呢？"

神父很诚恳地说道："不，你说错了，我没有帮他们，是他们自己帮自己解决了问题。我只是告诉那个餐馆老板他的经营问题出在哪里，应该怎么做；还有失眠患者、癌症患者，我也只是给他们指出了他们心底的疑惑，他们完全是依靠自己战胜了病魔。"

年轻人依然很疑惑："那我应该怎么做？"

神父回答他："那家餐馆老板最近在招聘店员，你可以去试试看。当然你现在没有任何经验，可以先试着做一段时间的无偿学徒，等学到一些经验后，再同老板协商薪水。"

年轻人照着神父的话去做，果然很快就有了一份很好的工作。

有的人遇到困难和挫折时，会积极想办法努力进行自救，有的人却只把生还的希望寄托在别人的救助上，最终错失自救的良机。可见，对待苦难和挫折的态度不同，最后的结局也必然不同。

挪威剧作家易卜生先生说："世界上最强大的人就是独立的人。"依赖他人，就像围绕大树生长的藤条，一旦大树不再存在，依靠它的藤条必定绝望。居里夫人也说："路只有靠自己走，才能越走越宽。"

一个名叫阿齐姆的人，垂头丧气地走进一家心理医师的诊疗室，向心理医师倾诉他一生不幸的遭遇。他说："我曾经历过无数的失败，在早年求学的时候，我没有一次考试可以顺利过关；踏入社会以后，做过许多种生意，但都是以负债的方式收场，从来没有赚过钱；然后，在求职的过程中又四处碰壁，好不容易找了一份工作，也是没做多久就被老板开除了；现在，连我的老婆都无法再忍受我，要求跟我解除婚姻……"

心理医师问他："那么，你现在想怎么样呢？"

阿齐姆万念俱灰地回答："什么也不想，此刻，我只想一死了之。"

心理医师："你有没有小孩？"

阿齐姆："有呀，那又怎么样呢？"

听了阿齐姆的话，心理医师笑了笑："还记得你是怎样教你的小孩走路的吗？从他第一次双手离开地面，颤颤巍巍地站起身来，是不是所有的家人都会为他的勇敢而喝彩，为他而鼓掌呢？"

阿齐姆似乎若有所悟地回答："嗯……是的……"

心理医师继续说道："然后，孩子很快就又跌倒了，这个时候，你是不是会轻轻地将他扶起，告诉他'没有关系，再试一试，你会走得比上次更好的！'"

听到这里，阿齐姆的语气变得坚定了一些："对，我会帮助他的。"

心理医师说："孩子在走路的时候，跌跌撞撞的，经过无数次的练习，还是走得不稳。你会不会失去耐性，告诉他，最后再给他三次机会，如果他要是再学不会走路的话，以后终生都不准再走路，你干脆买个电动轮椅给他得了。"

阿齐姆说："不会的，我会再帮助他、鼓励他，因为我始终相信，孩子是一定能够学会走路的！"

心理医师说："那就对了，你才跌倒几次，为什么就想要坐轮椅了呢？"

阿齐姆抗议道："可是，作为一个小孩子，会有人协助他、提携他，而我呢？"

心理医师："在你遇到困难的时候，真正能够帮助你、鼓励你的人是谁，难道此刻你还不知道吗？"

阿齐姆想了想，朝着心理医师重重地点了点头，然后，昂首阔步地走出了这家诊疗室。

看了这个短小的故事，你从中想到了些什么呢？如果把我们日常生活中所经历过的种种痛苦烦恼仔细分析一下的话，你就会发现，这些痛苦的来源有一大部分都是因为你无法战胜自己造成的，也就是说，你无法把握自己的心态。

奥巴马对女儿说：当我们需要勇气的时候，我们首先要做的，是战胜自己内心的软弱。需要洒脱的时候，我们首先要做的，是战胜自己内心的执迷。需要勤奋的时候，我们首先要做的，是战胜自己养成的懒惰。需要宽宏大量的时候，我们首先要做的，是战胜自己的浅狭。需要廉洁的时候，我们首先要做的，是战胜自己的贪欲。需要公正的时候，我们首先要做的，是战胜自己的偏私。

这许多相互矛盾的名词——勇敢、软弱，勤奋、懒惰，廉洁、贪欲，公正、偏私……几乎经常同时占据着我们的内心。在这个世界上，没有绝对完美无缺的人，当然，也很少有绝对不可救药的人，在每一个人的内心，都会或多或少地存在着上述矛盾。

这些矛盾在你遇到一件事情，需要你采取行动去应付的时候，它们往往会同时出现。而当它们同时出现的时候，也就是你开始彷徨困惑、痛苦不堪的时候。你会做出什么样的决定，完全归结于这两种矛盾的力量最后哪一边取得胜利。

没有人会怜惜一个连自己都不爱惜的人，上帝也是一样，他只眷顾那些勇于自救的人。在不幸面前，坚强面对和努力改变才是我们应该做的，就像奥巴马号召美国国民改变国家一样：不要信命，相信自己是自己最好的救星，要懂得，在这个世界上没有人能真正救助你，只有你才能拯救自己。当你遇到挫折困难时，不妨想想这句话，"这世上没有什么救世主，就算有也是自己"。

第三章

『停止拖延，你荒废的不是光阴而是生命』

我现在不想做，还是留到明天吧。一旦开始拖延，其实你已经停滞不前了。你拖延的事情不会自行解决。解决问题，继续前行吧。从长远角度来说你会更加快乐。

1.不拖延，你就能领先别人一步

古人说得好：一寸光阴一寸金，寸金难买寸光阴。一个有远大志向的人都懂得时间的可贵，他们绝不拖延，因为拖延就是对自己的生命不负责任。

但是很多人骨子里都有个坏毛病，喜欢搁置今天的事，想留着明天再做。在拖延中耗去的时间、精力，实际上足以将那件事情做好。对于一位成功者而言，拖延是最具破坏性，也是最危险的恶习，它会使你丧失主动的进取心。一旦开始遇事拖拉，你就很容易再次拖延，直到这变成一种根深蒂固的恶习。拖延会让生命大打折扣，而且它还具有积累性。想要克服拖延这个坏习惯，必须随时准备行动，因为只有你的行动，才能决定你的价值。

2012年10月25日至26日，飓风"桑迪"分别袭击了古巴、多米尼加、巴哈马、海地等地。紧接着，"桑迪"袭击了美国，截至11月3日，美国东海岸因为这场飓风而死亡的人数超过百人。

就在飓风登陆当天，奥巴马取消了佛罗里达州的竞选活动，回到华盛顿指挥救灾。他说："我并不担心它会影响大选，我担心的是风暴会影响民众生活，我担心的是我们最先赶赴现场的援助人员，我担心的是风暴会影响美国经济和交通运输。"

奥巴马于10月29日晚同新泽西州州长克里斯·克里斯蒂、纽约州州长安德鲁·科莫、纽约市市长迈克尔·布隆伯格等人通了电话，了解了详细灾情，随后奥巴马迅速指示联邦政府向进入紧急状态的新泽西州和纽约州提供救援。

为了应对这场风暴，奥巴马一直追踪着最新的灾情状况，以至整夜未眠。为了充分了解灾情，奥巴马把自己的电话号码给了记者克里斯蒂，30日晚间，奥巴马和克里斯蒂就当地的灾情情况通了三次电话。

克里斯蒂在进行采访时，表现了对奥巴马总统行动力的赞赏："联邦政府对'桑迪'的应对很好。昨晚半夜我再次与总统通话，他已经宣布新泽西州为主要受灾区。总统在这件事上做得很出色。"

关于拖延，有这样一个故事：

在古老的原始森林里，阳光明媚，鸟儿欢快地歌唱且辛勤地劳动着。其中有一只寒号鸟，它有着一身漂亮的羽毛和嘹亮的歌喉，它每天到处游荡，卖弄自己的羽毛和嗓子。看到别人辛勤地垒窝，它不以为然。

好心的鸟儿提醒它说："寒号鸟，快垒个窝吧！不然冬天来了怎么过呢？"

寒号鸟轻蔑地说："冬天还早呢，着什么急呢！趁着今天大好时光，快快乐乐地玩玩吧！"

就这样，日复一日，冬天眨眼就到来了。鸟儿们晚上都在自己暖和的窝里安详地休息，而寒号鸟依然没有垒窝。夜间的寒风吹得它瑟瑟发抖，它用美丽的歌哀叫道："哆罗罗，哆罗罗，寒风冻死我，明天就垒窝。"

第二天，太阳出来了，万物苏醒了。沐浴在阳光中，寒号鸟好不惬意，完全忘记了昨天晚上的痛苦，又快乐地歌唱起来。

好心的鸟儿又劝它："快垒窝吧！不然晚上又要发抖了。"

寒号鸟嘲笑地说："不会享受的家伙，阳光如此明媚，正是唱歌的好时候，我明天再垒窝也不迟。"

晚上又来临了，寒号鸟又重复着哀叫："哆罗罗，哆罗罗，寒风冻死我，明天就垒窝。"就这样重复了几个晚上，一场大雪突然降临，鸟儿们都奇怪寒号鸟怎么不发出叫声了呢？大家连忙去看，发现寒号鸟早已被冻死了。

寒号鸟的故事虽是一则寓言，但它的确讲明了在人的一生中今天的行动是多么的重要，总是把事情推到明天，明天把事情推到后天，一而再再而三地寄希望于明天而不行动的人，最终只会是一事无成。

一些人总是习惯拖延，直到时代抛弃了他们，被无情地甩到后面去。所有事情成功的秘诀就在于养成凡事立即行动的好习惯，这样才可以走在时代潮流的前列。

看看那些取得过最佳成绩的人，他们从来不会把事务拖延到一起去集中处理，总是能够和拖延心理说"不"，做到今天的事情今天完成，坚持不让今天的事情"过夜"。

要做的事情，马上动手，不要给拖延找借口！

有位英国年轻人，他的工作效率很低，始终得不到公司的重视和重用，也看不到一点点事业成功的希望，他整个人都快要崩溃了。于是，他决定去请教著名的小说家瓦尔特·司各特。

一天早晨，年轻人来到瓦尔特·司各特家里，有礼貌地问道："我想请教您，身为一位全球知名的作家，您每天是如何处理好那么多的工作，而且很快就取得成功呢？您能不能给我一个明确的答案？"

瓦尔特·司各特并没有回答年轻人的问题，而是友好地问道："年轻人，你完成今天的工作了吗？"年轻人摇摇头："这是早晨，我一天的工作还没有开始呢。"瓦尔特·司各特笑了笑，说道："但是，我已经把今天的工作全部完成了。"

年轻人感到不解，瓦尔特·司各特解释道："你一定要警惕那种使自己不能按时完成工作的习惯——我指的是，拖延的习惯。要做的工作即刻就去做,等工作完成后再去休息,千万不要在完成工作之前先去玩乐。如果说我是一位成功者的话,那么我想这就是我成功的原因。"

年轻人茅塞顿开,他回想起自己在工作上拖拖拉拉的行为,拜谢过瓦尔特·司各特后匆匆离开了。此后,他改变了拖延磨蹭的习惯,要做的工作即刻去做,一年后他成了这家公司的副总经理。

一日有一日的理想和决断,昨日有昨日的事,今日有今日的事,明日也有明日的事。今日的理想,今日的决断,今日就要去做,绝不能拖延到明日,因为明日还有新的理想与新的决断。

勇于向今天献出自己,明天,你将会受益无穷!

2.一个今天胜过无数个明天

很多人打算做一件事的时候,总是等所有的东西都准备齐了才开始行动,可是最后结局却不尽如人意。这是因为在等待时机的过程中,我们让最佳的机会溜走了。所以在必要的时候,要改变策略,与其等待最好的时机,不如主动出击。

每一个人的成功都不是偶然,也不是随机的。他们除了用敏锐的目光发现机会外,还会在最佳的时机出击,而不是坐在原地空等。这一点在奥巴马身上有着明显的体现。

奥巴马是参议院中在任的唯一一位非洲裔参议员,也是美国历史上第二位民主党籍非洲裔参议员,同时是第三位通过选民直接选举竞选当上参议员的非洲裔。事实上，对于一个政治家来说，联邦参议员是一个很高的职位，总共才一百位，每一个州有两个代表席位，外加上五十个州的州长，他也算是全美国除了总统之外的一百五十员的政治大将之一，所以参议员可以说是美国政界的干将，总统的候补队员。

在2004年的民主党全代会的发言，不仅让奥巴马赢得了联邦参议员席位，而且也让他瞬时成为一颗闪闪发亮的政治巨星。他以那次演讲为基础，写出了他的第二本书——《无畏的希望》。这本书在2006年正式出版，随后奥巴马全国巡回不断为他的新书做宣传，如此让他的名声变得更加响亮。这时候，他变得有点身不由己。因为每当他宣传自己的新书时，人们总是会一而再再而三地问他，是不是打算竞选2008年的美国总统。刚开始时，他只是一再重复地说"不会"。

那时，奥巴马说："我有很多重要的事情是想做和要做的，需要我一件一件地去做。我当前要做的第一件事，就是当好一个参议员。"在刚到华盛顿的时候，他在参议院一百位议员中只排到第九十八位。所以，那时他自嘲只够格给别的参议员削铅笔，哪还敢奢想其他的。"再说，我还没有弄清楚国会山的厕所在什么地方呢。"他开玩笑地说。从他的话中我们不难看出，对奥巴马来说，能当上参议员已经很让他满足了，而且他还有很多东西要学，不能太急功近利。奥巴马很清楚自己的位置，所以他会认真利用好自己的职位，而不是异想天开。

翻开美国的历史，我们不难发现，以参议员身份竞选总统的只有两人成功了，他们是哈丁和肯尼迪，而且他们都是在第一任时竞选成功的，在其后竞选的都未能如愿。这似乎是在暗示奥巴马，2008年是他唯一的机会，如果错过，以后也许就没有机会了。这次是民主党的最好夺权时刻，而民主党目前最强劲的候选人是希拉里·克林顿，如果她当选了，那2012年她又将竞选连任，这样一来，奥巴马就得再等八年才有下一次机会，太久了。机遇和时势造就英雄，政治上机遇更重要。在通常情况下，机遇对于一个人而言一生可能只有一次。奥巴马非常清楚，竞选总统这种事不像金融投资，有很多的好公司可供挑选，而这就只有一个职位可以竞争，没有第二个选择。

在仔细权衡之后，奥巴马决定一战。他将这个决定告诉了妻子，妻子也认为既然想要竞选总统，在两个女儿年幼时竞选对她们的影响可能相对要小些。他顺利得到了家人的支持，这也是一个人是否能成功的关键一点。2004年奥巴马在全代会主题发言后，就有不少记者和党内同人一再问他，是否准备参加2008年的总统选举。刚开始时，他的回答总是："我先好好完成我的六年参议员任期再说。"

等到了2006年10月再有人问到他时，他却说："我倒是想过这件事。"这次他的口气有点变了。到了2007年2月，奥巴马正式宣布参选总统。到底是什么让他改变了主意呢？其实政治这方面就是个时机问题，但时机就像是水，既可载舟，亦可覆舟。奥巴马是一颗正在冉起的明星，他应该乘着这个势头向前走，否则一旦这个势头过去，便错过了最佳时机。

2000年时，如果戈尔赢了小布什，可能到2004年布什也不会有机会，也就永远没有了当总统的机会。但历史将机会给了布什，而留给戈尔的则是永远的遗憾。不仅如此，政治家"吃香"时靠的是大众的捧场，人们支持你，是对你有某种期待，认为你能为他们解决一些棘手的现实问题。可是这种期待往往过高，不是一个政治家能全部做到的。很多问题的出现是社会发展的自然规律，具有周期性，一旦大众发现这一事实，他们又将对政治家的期待变成了责备，认为是政客的无能造成的。政治就是如此的诡秘。

奥巴马正是在权衡过利弊之后，清楚地认识到这可能就是他的机会，他需要做的不是等自己做完六年的参议员，提升了自己的地位再考虑总统竞选的问题，而是立刻出击，去迎接对手的挑战。只有这样，他才可能获得成功，不然他很可能只是一名参议员，无法实现心中的梦想。奥巴马曾经说过："我曾经是最不可能赢的人。"奥巴马当初的选择告诉我们：他的选择是正确的，如果没有当初的选择，就不可能有今天的奥巴马；如果没有当初的主动出击，现在的奥巴马就可能在等待参议员退休的日子。所以，时机虽然重要，但是主动出击同样也是成功的必要手段之一。

奥巴马对女儿们说：成功没有秘诀，只要肯积极行动，你就会越来越接近成功。每个人都蕴藏着无穷的力量，但这种力量只会在行动的过程中被激发出来。心理学家说过，缺乏行动的人都有一个坏习惯，他们喜欢维持现状，拒绝改变，能为自己寻找到各种不去行动的借口。聪明的人都会付诸行动，促使事情向着良好的方向发展。

不要等待奇迹发生才开始实践你的梦想，今天就开始行动！

卢奇被同学们称作小胖子，他虽然只有19岁，却比同龄人胖了一圈。为此，他为每天下午的第二节课感到非常苦恼。这一节课是由意大利著名的声乐大师波拉先生亲自讲授。校方在教室安排上出了一点小问题，从而使得在北校区上了第一节课的学生们要跑到最南面的教学楼聆听大师的教导。为了更近距离地与大师接触，大家都想抢到最好的位置。男孩子们脱下外套，女孩子们提起裙子，一个个像高速喷射的小火箭般，极其迅速准确地向目标奔去。胖胖的卢奇行动太慢，总是抢不到座位。

于是，为了抢到座位，卢奇每天下午第一节课都心不在焉，脑子里总是琢磨着如何才能更快速地跑出大门去听第二节课。下课铃一响，他就会拼尽全力抢在老师前面跑出门去。

虽然仍然有不少人跑到了他前面，但抢占了先机的他比以前提前了一些。即使这样，他依然会在进教室大门时被同学们挤到后面。

因此，尽管每天想尽了办法，但他还是抢不到好座位。更糟糕的是，他为了抢座位，第一节课基本无心听讲，第二节课因为抢不到好座位，听课也没有心情，整个下午的学习状态都很差。于是，他分析了一下自己的情况，觉得自己就算减肥也不可能在短时间内有太大的效果，所以想抢到好座位基本上是不可能的。想明白了这一点后，他反而轻松了许多。

他对自己说："既然自己没有能力改变未来的情况，那为何不做好当下的事情呢？反正也抢不到好座位，何不干脆静下心来好好地听课呢？"

从此以后，他总是等到同学们飞奔而出后，才慢条斯理地走出去，一边走，一边思考下一节课将要学习的重点。

由于座位的位置不好，他在大师的课上听得比谁都认真，自己在路上已经为第二节课做好了准备，针对自己的声乐水平想好了学习的重点，所以在课堂上他能更有效率地学习。

音乐学院的学习时光匆匆而过，很快就到了卢奇进入这所学校的第五个年头。当初的小胖子卢奇越来越胖，走路也越来越慢。不过，现在再也没有人对他做鬼脸了，因为他已经成为全学院最出色的学生，在大师的课堂上甚至有他的专门座位。而这一切，都是他靠自己的努力赢得的。

1971年，他参加了阿基莱·佩里国际声乐比赛。决赛时，总理也要来观看，于是，大家都在后台兴奋异常地猜测谁会引起总理的注意。这时，组委会负责人发现最胖的他独自躲在一边练习着发音。负责人好奇地和他攀谈起来，问他为什么不像其他人那样兴奋。他向负责人讲述了在音乐学院抢座位的趣事，笑着说："我也非常紧张好奇，不过，未来的事还未发生，与其过度地关注未来而分散了精力，不如做好手头的工作。现在的一切，将决定未来的结果。"因为这番话，负责人将这个胖胖的年轻人牢牢地记在了心里。

当天晚上，他因成功演唱歌剧《波希米亚人》主角鲁道夫的咏叹调荣获了一等奖。从此之后，25岁的他踏上了大师之路。他被公认为有史以来最伟大的高音之王，世人也渐渐地熟悉了他的全名——卢奇诺·帕瓦罗蒂！

随着全球化时代的发展，世界文化的交流与融合必然给每一个人带来冲击。不管人们是否愿意改变，都会被时代大潮带到一个陌生的地方。而生命就是一次行动的过程。在这个过程中，我们留下了许许多多的脚印，那些不管规则的还是不规则的脚印，都在默默验证着我们的行动姿态。你用什么样的姿态去做事情就会有什么样的收获，这就是行动的效果。

时间总是不停地向前，世界上也没有后悔药出售，所以，对于我们来说，最好的选择就是将自己的想法立即付诸实现，行动是实现目标的第一步。

3.光想没有用，你必须行动

想要成功，就不可以待在原地幻想，你必须扬起前进的风帆，劈开道路上的层层荆棘，体会生活的种种困苦。只有这样，才能获得上帝的青睐，才能真正地将自己的能力发挥到极致，最终抵达成功的彼岸。

奥巴马在确定他的梦想之后，就开始了艰难的路程，因为他身上有着不同于白人的异样之处，这使他不得不比别人起步得早，不得不比别人付出更多的辛苦。正是因为他的努力，他坚定的脚步，才使得他一步一步走向成功。2月9日，民主党在内布拉斯加州和华盛顿州举行基层党团预选，路易斯安那州也于同一天举行个人投票预选。由于奥巴马与希拉里所得票数不相上下，两州参加党团预选的民主党人十分踊跃，在内布拉斯加州的奥马哈城居然出现了因参加投票而堵车的现象。据合众社选后抽样结果显示，路易斯安那州选民投票基本按族群划分，70%以上的黑人投了奥巴马的票，80%以上的白人投了希拉里的票。

当天，奥巴马在内布拉斯加州、华盛顿州、路易斯安那州和维尔京群岛四地同时获胜。2月10日，奥巴马又在缅因州获得基层党团会议预选的胜利。缅因州的民主党人共有代表名额24个。两天后，奥巴马和希拉里在波托马克河地区哥伦比亚特区（15名代表）、弗吉尼亚（70名代表）和马里兰（83名代表）参加了预选。

奥巴马横扫了弗吉尼亚州、马里兰州和哥伦比亚特区。《纽约时报》对此进行了报道。他们这样写道：这是进入2月之后奥巴马的第八次连续胜利。

面对强势的希拉里，奥巴马取得了连续的胜利，可以说他已经无限接近胜利了，但是他没有停下来，也没有坐在原地憧憬未来。正在威斯康星州竞选的奥巴马得知自己大胜的消息后告诉欣喜若狂的支持者："我们的运动不会停止，直到我们改变华盛顿。今晚我们上路了。"奥巴马不仅赢得近90%的黑人选民的支持，也得到50%以上的白人选票。希拉里·克林顿在2月12日预选之前，就暗示自己可能在2月5日"超级星期二"之后输掉所有的个人预选和基层党团会议选举，但是她认为竞选的路还很长，并且坚信3月4日会在得克萨斯州和俄亥俄州的预选中卷土重来。如果希拉里不能赢得3月4日的得克萨斯州和俄亥俄州的预选，她的竞选可能就会就此终止。如果她和奥巴马届平分秋色，最后一仗就是4月22日的宾夕法尼亚州预选。民主党中央和民主党领导不希望也不愿意看到他们两人的竞争走到4月。可是希拉里的竞选面临双重困难：一是竞选经费不足，奥巴马一天可以集资100万美元，而希拉里的募捐仅为其一半；二是奥巴马有势不可当之势，这样的气势可以改变很多选民和超级党代表的决定。唯一能改变希拉里竞选困境的办法是获得爱德华兹的支持，但是双方都在做爱德华兹的工作，并先后登门拜访。如果奥巴马获得爱德华兹的支持，他在得克萨斯州取胜的可能性就会大增。

奥巴马的胜利让希拉里陷入了困境。在总统竞选之前，奥巴马所处的位置对于希拉里来说，几乎是不可能有胜算的，现在胜负已经完全明朗了。奥巴马用自己的脚走出了一条属于自己的成功之路，慢慢地向自己的梦想前行。

2月19日，奥巴马又在威斯康星州和夏威夷州获得预选和党团会议选举的胜利。夏威夷是奥巴马的出生地，他在那里获得胜利早在预料之中。希拉里·克林顿的竞选团队不认为她可以在威斯康星州取得胜利，所以就没有在那里做出太多的努力。但奥巴马的胜出并非没有面临挑战。奥巴马之前的支持者主要来自黑人、青年人和白人中受教育程度高的白领阶层，而威州是一个蓝领工人居多的州。虽然希拉里本人并没有花很多时间在威州竞选，但她的竞选团队还是在那里做了很多攻击奥巴马的电视广告，说奥巴马懦弱不敢跟她辩论，说奥巴马没有经验不能胜任武装部队总司令，说他工于言辞而缺少具体的施政纲领。

选举的结果说明奥巴马从艾奥瓦开始的"运动"不仅经久不衰，而且有更为强劲的势头。奥巴马在威州得票率为58%，胜出希拉里很多。让美国选举观察人士吃惊的是，他在蓝领白人、白人男性和白人女性选民中所获的支持率超过他在其他州的战绩。希拉里在得克萨斯州和俄亥俄州的主要支持者为蓝领白人和白人女性。如果奥巴马可以在那两个州复制他在威州的战绩，希拉里的竞选可能会全线溃败。威州的预选还没有结束，两位候选人就已经赶到下一个战场了。奥巴马在得州，希拉里在俄州。奥巴马得知自己在威州获胜后，在休斯敦的丰田体育馆对支持者们说："休斯敦，我想我们腾空了！"

与希拉里不同，奥巴马不会在以为自己可以胜利的情况下停下脚步，转移到其他的地方去。事实上，在威州的竞选恰恰反映出了奥巴马与希拉里的这一不同之处。而正是这个不同之处使得奥巴马比希拉里更适合总统这个职位，更适合领导美国人民。

成功并非全靠英明的决策，还要在决策做出后，如实地用行动执行下去。假如光凭脑子想，永远不把行动付诸实现，那么一切都只能成为一场空梦，永远也不会获得成功。

格林是美国著名的成功学家，他在演讲时，时常对观众开玩笑地说，美国最大的快递公司——联邦快递其实是他发明的。格林没有说假话，他的确有过这个主意。

20世纪60年代，年轻的格林刚刚参加工作，他每天都在为如何将文件在规定的时间内从美国的一端城市送到另一端城市而苦恼。当时他想，如果有人能够开办一个将重要文件在24小时之内送到任何目的地的服务，该有多好！

这个想法在他脑海中停留了好几年，他也没有采取过相关的行动。直到一个名叫弗列德·史密斯的人真的把这种想法转变为了实际行动，并取得了成功，格林才后悔莫及。

"这件事情对我来说是一个很深刻的教训，使我明白了有好的想法就要赶紧采取行动，否则就会与成功失之交臂。"格林说道，"当然，毫无疑问，我现在的成功也正是不断行动的结果。"

诚然，成功任何人都是渴望的，但是成功绝不是仅仅靠计划就可以得到的。如果你从来都不付诸行动，那么成功自然就会投入别人的怀抱，从而弃你远去。案例中的格林就是因为空有想法，而不去行动，使得原本可以获得的成功和荣誉，被自己错过了。

现实中，那些成功者之所以能有一番作为，是因为他们既可以制订出正确、完美的计划，又能对这些计划进行持续而有目的的实际行动，不折不扣地将它们执行下去。

2008年，麦当劳已在全世界121个国家和地区开设了3万多家分店，年营业额235亿美元，被称为"麦当劳帝国"。它之所以有今天的成就，完全依赖于创始人雷蒙·克罗克遵循的"一旦决定了就赶快行动"的原则。

美国的麦当劳餐厅在创办初期只是一家经营汉堡包的小店。由于麦当劳兄弟把汉堡包做得非常好吃，生意很快就非常红火了。然而，随着规模越做越大，小店的管理却越来越乱。

1954年的一天，雷蒙·克罗克驾车去一个叫圣贝纳迪诺的地方。他看到许多人在一个简陋的餐馆前排着队，于是停下车走了过去。

当他看到人们买了一袋袋的汉堡包，纷纷满足地笑着回到自己的汽车里时，雷蒙·克罗克很好奇，于是上前看了个究竟。原来，那是一家经销汉堡包和炸薯条的快餐店。当时的雷蒙·克罗克已经52岁了，还只是一个纸杯和混拌机的推销商，并没有自己的企业，他一直在寻找自己事业的突破口。他知道，快节奏的生活方式就要到来，这种快餐经营方式代表着时代发展的方向，大有可为。于是克罗克毅然决定经营快餐店，马上与麦当劳兄弟洽谈。由于麦当劳兄弟的管理模式很乱，他们非常愿意克罗克成为麦当劳在全美唯一的特许经营代理商。1955年，克罗克成立特许经营公司——麦当劳公司系统公司（1960年改名为麦当劳公司）。

但雷蒙·克罗克搞快餐业的决策遭到了家人及朋友的一致反对，他们都说："你疯了，都50多岁了还去冒险？"

雷蒙·克罗克觉得决定做大事时，应该考虑周全，可一旦决定了，就要一往无前，赶快去做。行与不行，结果会证明一切，最重要的是行动。

谈下特许经营代理权之后，雷蒙·克罗克马上投资筹建他的第一家麦当劳快餐店，经过几十年的发展，雷蒙·克罗克取得了巨大的成功。人们把他与名震一时的石油大王洛克菲勒、汽车大王福特、钢铁大王卡内基相提并论。

奥巴马对女儿们说："一百次的胡思乱想抵不上一次行动。如果有了很好的发展机会和宏大的目标而不去做，那么成功是不会从天上掉下来的。"

相信很多人都是如此。所以，请记住行动远比想法更重要。只有多一些行动才能多一些成功的机会。如果我们想在工作中取得良好的表现，脱颖而出，那么就先要培养自己获得高效的执行力。如此，想法才不是空中楼阁，目的也才能够实现。

4.年华易逝，人生经不起漫长的等待

很多时候，我们的人生都被一个"等"字荒废了，等将来，等不忙，等下次，等有时间，等有条件……等来等去，只等来满腔悔恨、一头白发。谁也无法预知未来，及时行动才是王道，否则，很多事情可能一等就等成了永远。

所以，该做的事就赶紧去做，不要给生命留下太多的遗憾。

在奥巴马上大学期间，他就看到，在美国一部分有识之士已经开始站出来反对南非不公平的社会制度。他们举行集会和游行，把宣传场所放在了大学校园里面，打算通过这里的国际交流环境把反对种族隔离的声音传向世界，同时通过这些活动对美国政府产生压力，促使美国政府与南非政府就废除种族歧视制度交换意见。

受这些活动的影响，奥巴马所在的学生社团决定邀请南非非洲人国民大会的官员来学校进行演讲，希望借此激发听众的热情，在校园里凝聚更多的力量。很明显，活动的组织者通过南非种族问题的国际干预看到了影响政府行为的有效途径，他们想把这种模式引用到美国国内问题上来。

演讲之前，组织者安排了一个垫场剧，由奥巴马和几个朋友负责排演。那是一个挺有创意的表演，奥巴马在众人面前力陈种族隔离制度的荒谬性，而其他人则在奥巴马演到一半的时候像幽灵一样悄悄地爬上台对他又拖又拽，试图阻止他。整个表演想表现的是南非种族斗争的现状，即黑人在政府里没有自己的声音，而政府则想方设法在暗地里破坏黑人的民权运动。

黑人在美国的地位是非常微妙的，他们虽然是地道的美国公民，但是他们却得不到应有的尊重。奥巴马的出现，正是全美国的黑人乃至全球黑人的共同梦想。

在奥巴马大学生涯进入第三年时，西方学院和纽约的哥伦比亚大学建立了交换生项目，允许一所学校的学生申请到另一个学校完成学业。奥巴马得知这一消息后欣喜若狂，他早就听说纽约黑人区是黑人的聚居区，眼前的机会刚好能让他去实地体验一下。

纽约的一切和奥巴马从西方学院的芝加哥同学嘴里描述的浪漫场景大相径庭。出门在外的日子，奥巴马培养了自己的生活自理能力，专注于自己的学业，除了吸烟外其他的不良嗜好都戒了，还养成了写日记的好习惯。他闲来无事就去旁边的球场打打球，或者去附近的街区听杰西·杰克逊演讲。

尽管奥巴马在学校里学到了不少东西，真正让他切身感受美国种族现状的还是纽约黑人的普通生活。贫民区里的黑人数量要比白人多得多，远远超出了正常的比例，要放在南非这还说得过去，可这是在美国，在一个文明发达的国家，种族之间的不平等为什么会这么严重呢？说到不平等，人们可能义愤填膺，可真要做点什么，却步履艰难。大学期间的这一经历，让奥巴马清楚地感受到黑人在美国所受到的待遇，也让他坚定了自己的决心。他正是在行动中坚定了意志，寻找到接近梦想的道路。他不在乎路途的遥远，不在乎道路的难行，对他来说，唯一的目标就是实现心中的自我价值。他让自己行动起来，让自己能更加清楚地感受这个国家，感受这片土地带给他的困惑。也正是因为如此，他对美国的了解多于他人，也正是他的实际行动，才实现了他的人生价值。

奥巴马除了拥有建设美国的梦想，还为竞选总统做了非常多的准备工作。同样，对于创新美国这项艰巨的任务，他没有只停于想象，更重要的是，他付出了行动。

奥巴马说："我们每个人，在我们的有生之年，都必须肩负起责任——要帮助子女树立进取的道德观念，要适应竞争力更强的经济环境，要巩固我们的社区并分担一定负担。让我们行动起来，让我们共同开始这项艰巨使命，让我们改变这个国家。"

事实上，对于自己的梦想，奥巴马并不是随口说说而已。因为他知道梦想会一直在心里指引着他前进。在实现梦想的路途上，无论发生什么，都要坚信那是对他有利的。但是，如果他只对自己说想要去实现自己的梦想，而没有付出行动，那么我们就看不到他今天的辉煌。所以，他给自己的信条是：要做我一定要做到最好。我一定能行！虽然现在我还不够好，但是我一直在努力。

为了他的美国梦想，2005年1月，奥巴马宣誓就任美国国会伊利诺伊州参议员，作为参议院历史上的第五位黑人议员，奥巴马不论从哪个角度来看都只是新一届参议院里的晚辈。当选参议员之后，奥巴马一共在伊利诺伊州组织并参加了40多场群众集会，借此了解民意、寻找对策。作为对外关系委员会委员，他还多次到访其他国家和地区，其中包括俄罗斯、中东和美军驻扎的伊拉克。

虽然奥巴马如此努力，但他的政治顾问团队却不这么看，他们认为奥巴马应该考虑参加2008年的总统选举：一来扩大他在广大选民中的影响力，为以后的发展营造良好的外部环境；二来碰碰运气，他的种族背景刚好能够为其他的总统候选人提供有效的补充，没准会被挑中成为副总统候选人，甚至有可能作为候选人去角逐总统宝座。

有一次，奥巴马一家人漫步在国会西边的大草坪，六岁大的玛利亚突然问起父亲以后会不会竞选总统。对于奥巴马来说，参议院已经是一个不小的舞台了，自己的责任就是好好履行誓言，为民众服务。虽然如此，奥巴马为自己积累了不少优势力量，因为他具有足够的媒体灯光，并积聚了一定数量的忠实拥护者，所以从各方面来说，他具备了竞选总统的实力。

但是奥巴马清楚地知道，之前的所有选举与总统选举相比，简直就是小巫见大巫，根本不在同一个级别上。这里有更微妙的规则，这里有更强悍的对手，有更广泛的选民，有更多的媒体关注，要不要参选总统、怎样参选总统，曾经的成功和失败都给了奥巴马足够的经验。最终他参加了总统竞选，并成功当选。

奥巴马告诉女儿：生命经不起等待，梦想更是如此。

当一只脚陷入了"万事俱备再行动"的泥潭中时，我们会犹豫不决、顾虑重重，会拿不定主意。其实世界上永远不可能有完美的事情，也不可能有绝对完美的时机，如果我们凡事都要等到"万事俱备"后再开始行动，就永远不会有开始的可能。等待"万事俱备"会让你不能迅速、准确、及时地解决问题，到最后只会一无所成。

如果你想等到知更鸟报春，那么春天就快结束了。很多成就了一番事业的人，都是在条件并不是十分成熟时就直接对准目标，开始行动。他们在行动的过程中不断地为自己创造机会，创造成功的可能性，逐步使得事情"万事俱备"，而不是单纯地等待。因此，想要做成一件事，在拿定主意后就要立即行动，"从现在做起"，才是成功的关键。

　　科莱特在1973年考进哈佛大学,经常坐在他身边的同学,是一个18岁的美国青年。大二那年,这个小伙子请求科莱特和他一起退学,合作开发财务软件,并向他阐明这是他主动创业出击的时刻。

　　不过科莱特拒绝了,因为他好不容易来到这里求学,怎么可以轻易退学?更何况那项系统的研发才刚起步而已。所以,他认为要开发财务软件,必须读完大学的全部课程才行。他觉得在大学里也能得到更多机遇。

　　10年后,科莱特终于成为哈佛大学财务软件领域的高手,而那个退学的小伙子,也在这一年挤进了美国亿万富翁的行列。当科莱特拿到博士学位之时,那个曾经同窗的同学则已经晋升到了美国第二大富豪。

　　1995年,当科莱特认为自己具备了足够的学识,可以研究并开发财务软件时,那个小伙子已经绕过原有系统,开发出新的财务软件,其速度比之前的财务软件要快1500倍,而且在两周之内,这个软件便占领了全球市场。这一年,他成为世界首富,他就是比尔·盖茨。

　　坐等时机往往会让我们变得很被动,只有主动出击才能让我们变得主动,因为只有选择进攻我们才会有改变现状的可能。完美的机会永远不会投怀送抱,有时候我们还需要主动出击为自己创造机会。在主动出击的过程中,会出现很多变量,在这些变量中,我们就能发现一个又一个良机。

　　无论在什么时候,主动出击都是为自己赢得先机的最佳方法。面临困境时,主动出击可以让自己变被动为主动;处境良好时,主动出击则可以让自己取得更大的成功。

　　梦想再美好,计划再完美,如果不行动起来,就永远也不可能获得成功,最终只会是纸上谈兵,空想一场。人因梦想而伟大,梦想因为行动才会变为现实。

5.敢于尝试，用行动证明自己的想法

生活中，不缺乏这样的人，他们躺在床上想象着自己会多么的成功，未来取得了多么伟大的成就。这些人只知道想象，却从来不知道把这种想象付诸行动。要知道，任何一个有成就的人，都有勇于尝试的经历。因为尝试就是探索，如果没有探索也就没有创新，而没有创新就不可能会有成就。所以，一个整天处于想象中的人，是不会有绚烂精彩的人生的。即便有，那也只是在自己的梦里。

奥巴马对女儿说过这样一句话："敢于尝试，所以在某件事上栽跟头是预料之中的事；但是，从来没有听说过，任何坐着不动的人会被绊倒。"诚然，敢想敢做的人，必然会经历一些挫折，但是那些没有勇气去将自己所想的付诸行动的人，是永远都体会不到打拼过程中的乐趣的。要知道，受到一定程度的挫折也是一笔宝贵财富。

哥伦布在求学期间曾经读过一本毕达哥拉斯的著作，在这本书中，毕达哥拉斯说："地球是圆的。"哥伦布深深地记住了这句话。

经过很长时间的思考之后，哥伦布觉得地球如果是圆的，那么他向西航行也可以到达印度。很多有"常识"的哲学家和大学教授都嘲笑他的幼稚想法。他们告诉他："地球不是圆的，是平的"。进而警告他说，如果他一直向西航行，他的船只将会行驶到地球边缘而掉下去。

然而，哥伦布对哲学家和大学教授们的警告却不以为然，依然非常自信。可惜的是，他家境贫困，没有钱去实现自己这个冒险的想法。他不得不到其他人那里寻求经济支持，但他等了17年都没有人愿意帮助他。他决定不再等下去,于是起程去见西班牙王后伊莎贝拉,沿途穷得竟以乞讨为生。王后赞赏他的理想,并答应赐给他船只,同意他去做这项冒险事业。但是,水手们都怕死,没人愿意跟随他去,于是哥伦布鼓起勇气跑到海滨,拉住几位水手,哀求他们一起同去,最后又用恐吓手段逼迫他们跟随自己出海。他又请求王后释放了狱中的死囚,允许他们在冒险成功后恢复自由。

1492年8月,把一切都准备妥当后,哥伦布率领3艘帆船,开始了一次划时代的航行。

但出师不利,刚航行几天,他们的船队之中就有两艘船漏水了,接着船队又在几百平方千米的海藻中陷入了进退两难的险境。没有其他办法,哥伦布只好亲自下水拨开海藻,船队才得以继续航行。他们在浩瀚无垠的大西洋中航行了六七十天,也不见大陆的踪影,水手们都绝望了,他们要求返航,否则就要把哥伦布杀死。哥伦布兼用鼓励和高压的手段,才说服了他们。在继续前进的过程中,哥伦布忽然看见一群飞鸟向西南方向飞去,他立即命令船队改变航向,紧跟这群飞鸟。因为他知道海鸟总是飞向有食物和适于它们生活的地方,所以他预料附近可能有陆地。几天之后,哥伦布果然发现了美洲新大陆。

如果哥伦布一直等待下去,很可能一生都不会出发。毅然上路的哥伦布最终成了英雄,从美洲带回了大量黄金珠宝,得到了国王的奖赏,并以新大陆的发现者名垂千古,这一切都是行动的结果。

生活中,每一个成功者都有以下三个共同的特点:一是敢想,二是敢做,三是能做。敢想并不是指天马行空地乱想,而是要根据实际情况,给自己定下一个明确的目标;敢做也不是指违法乱纪,不择手段,而是指坚持、执着的态度,不达目的不罢休的韧劲;能做则是指只要愿意,就努力地前进。

提到私人包机，不得不提王均瑶，他可谓是"我国私人包机第一人"。1991年春节前夕，他还是一个公司地方办事处的主任，当时因为要赶回家过年，买不到火车票，就与几位同乡包了一辆大巴车回家。

回家是一条山路，这条路不好走，大巴车在漫长的山路上颠簸前行。这时，他就随口感叹了一句："唉，汽车真慢啊！"旁边的一位老乡听到后，挖苦他说："哦，飞机快，那你包飞机回家好了。"说者无心，听者有意，这样一句在别人眼里令人反感的讥讽，对他而言却如同当头棒喝。这位爱思索的年轻人开始反问自己："现在土地可以承包了，汽车也可以承包了，那为什么飞机就不能承包呢？"

身为打工仔的他决心大干一番。在满天的白眼纷飞中，这个年轻人义无反顾地踏上了"包机"的道路。他先是独自一人筹划了很长一段时间，然后又进行了长达八九个月的走访、市场调查和跟有关部门的沟通。

首先，他说服了地方的民航局，他觉得他工作的地方到家乡的航班客源充足；当前至少有1万个老乡在他工作的城市做生意，并且这些生意人把时间看成金钱，也把精力消耗列为一项经营成本。不过，民航局还是有些担心经营风险。为了打消民航局的顾虑，他提出了"先付钱、后开飞"的合作模式。他说："我先把几十万元钱押给你们，也就是说每次先付钱，然后再飞，这样你们就可以'旱涝保收'了。"他的一席话终于打动了民航局负责人的心。

后来，在跑了无数个部门、盖了无数个图章后，他设计的航线包机终于通航了。伴随着一架"安24"型民航客机从他工作的城市起飞平稳降落于家乡机场，这个国家的民航历史被一个小小的打工仔改写了。随后，全世界各大媒体竞相报道，称此举是这个国家民航在扩大开放上迈出的可喜一步。

后来，他这样说："通航的那天是我生命中最重要的一天，我的人生道路因此改变了！如果说人生是个大舞台，那作为一名演员的我，面试合格，成功地上演了一出精彩的戏剧。"

在当时，王均瑶的想法还被人们看作是白日梦。不过，他并没有让自己的理想止于想象，而是积极地把它变成了实际行动。于是，他成功了，也成了轰动一时的焦点人物。

奥巴马认为：行动养成习惯，习惯形成品质，品质决定命运。行动起来，不要等待。行动会增强自信，不行动只会产生恐惧。一个人在行动之前不可能解决所有的问题，成功者都是抱着必胜的信心开始行动的，并想方设法解决遇到的所有困难。一次行动胜过百遍胡思乱想，说一尺不如行一寸，行动比想法更重要。所以，我们不仅要善于想象，更要把所想的化为实际行动。只有这样，我们才有更多的机会创造灿烂的人生。

第四章

「不要听讨厌的人说话，人生不为谁止步」

无论你想干什么，总会有人告诉你不要这么做，没有用的。我可以想出Twitter（社交网络）成百上千条不实用的理由，但它依旧是互联网上最流行的社交网站之一。我的想法不会阻止Twitter的发展，就像你无法劝科比退出NBA（美国男子职业篮球联赛）或乔什·哈奈特不要继续当演员一样，都毫无意义。那为什么还要让别人的想法阻止你呢？

1.别人的看法真的那么重要吗

我们每个人都免不了要看别人的眼光和听别人的言论，毕竟我们不可能摆脱世俗，不可能到原始森林里当野人。但是，当我们为了他人的意愿而放弃了自己最喜欢的东西，为了他人眼中艳羡的目光而丢掉自己本应坚持的道路时，我们是否已经从自己人生的操盘手的位置上退下来了呢？

奥巴马在第一个州参议员任期做得并不轻松，因为那个时候，奥巴马还只是一个政坛"菜鸟"。人们先入为主地认为，奥巴马只不过是一个心高气傲的常春藤优秀政府派，常常向别人显示自己为社区组织做出的牺牲以及自己的哈佛血统。

奥巴马在任职国家参议员期间，有一回，他在20世纪60年代的民权领袖弗农·乔丹家里吃饭，讨论自己未来的状况。乔丹知道他有意愿竞选总统，便对他说道："物各有时，你现在时机不对。你可以去做你想做的事情，但我不同意你的想法。"

奥巴马一路走来，有太多的人不同意他的看法，不支持他的决定，但奥巴马并未被他人的看法所左右。因为他清楚地明白，自己在美国没有敌人。他要做的就是主动结交朋友，尽可能拓展自己的人脉，并且好好地做一些实在的事情，把政绩搞好，改变人们对他的看法。

大学期间，奥巴马其实就勇敢地坚持自我了。在西方学院，奥巴马认识了一个很漂亮的黑人女孩乔伊斯。一次，奥巴马问乔伊斯参加不参加黑人学生联合会活动，乔伊斯说道："我不是黑人，我是多民族的。我的父亲是意大利人，而母亲是多国混血，既有部分非洲血统，又有部分法国血统，还有部分美国和其他国家的血统。"

她继续说道："我觉得现在黑人的待遇已经比过去好了很多，为什么我要选择属于哪一个种族呢？现在的美国社会已经愿意把我当人对待了，但偏偏是一些黑人还对种族问题耿耿于怀，他们总是试图传达给我这样的理念：种族问题还很严重，我们要团结起来对抗白人。这不是庸人自扰吗？"最后，她还劝他也不要去参加活动。

奥巴马无法同意她的观点，因为她把黑人称作"他们"，好像要撇清关系一样。这种态度首先就错了。尽管奥巴马同样也是乔伊斯口中的"多民族"人，但他不能像她那样自欺欺人，逃避自己身份的根本原因其实就是害怕，就是自我挣扎。

奥巴马通过思考明白了要坚定自己内心的想法。他下定决心做最真实的自我，远离谎言和欺骗，绝不被他人的看法击溃。

对于一个问题，每个人都有自己的看法，如果我们总是被别人的看法所左右，终会茫然不知所措。人需要这样一种信念：我认为对的，我就去做，不管现实和环境以及别人怎样。无论别人做不做，我们都应该学会坚定地去做自己认为正确的事情。也许我们小小的行为不会改变世界，但是至少我们不会让世界改变自己。

奥巴马对女儿说过，一个人活在世界上，首先要实现自己的人生价值，而不是为了求得所有人的认同。大千世界，芸芸众生，总会有一些跟自己谈不来的人。既然不可能赢得每个人的心，那么就没有必要过于在意别人的看法。

每个人都是一只水晶球，晶莹闪烁，然而一旦受到他人的非议："你不够闪烁，你不够漂亮！"有的人或许就会在黑夜中悄悄消殒；但是，欣赏和肯定自己的人不会因此放弃光芒，而是抓住机会，将世界上五颜六色的光折射到自己生命的各个角落。

有一个大学生,毕业后并没有去应聘在外人看来非常有前途的职业,而是回到家乡做起了收废品的工作。

他骑着三轮车走街串巷,挨家挨户地收着废品。人们时不时地看见他在垃圾堆里捡拾垃圾。人们为此嘲笑他,但他并不介意,说:"垃圾不过是放错了地方的宝物。"他忠于自己的选择,热爱这份职业,因为他有他的理想、他的抱负。

但他的举动还是引起了一片质疑声。在他所在的城市,他成了流言蜚语的主角,成了人们茶余饭后谈论的对象。

有人说:"有好好的工作不干,却去收垃圾,他简直疯了。"

有人说:"花了那么多的学费,却换来了一份在垃圾堆里滚爬的工作,简直玷污了大学生的名声。"

有人说:"本来一个多么优秀的人,现在看来就这样在散漫中堕落了,在无为中荒废了,实在是可惜啊。"

不少人在带着自己的孩子从这个大学生身边经过时,便暗暗指着他来教育自己的孩子,说:"要好好学习,做个有出息的人,找个有出息的工作,不能像他这样,自毁一生。"

这个大学生,已然成了家长教育孩子的反面人物,但他并没有抱怨什么,也没有自卑,依旧脚踏实地地去做,更加乐观地面对人生、面对未来。

不久以后,他用自己收废品赚来的积蓄买了一辆汽车,开了一家废品收购站。他不再为收废品而奔波,而是让更多走街串巷收废品的人将废品送到他这里。因为废品太多,一个人忙不过来,他招了几个员工,成了老板。

有时候,他开着汽车从大街小巷经过,人们见了,不禁发出了这样的疑问:"一个捡垃圾的人也可以开上自己的汽车吗?"紧接着,人们又相互发出了这样的感慨:"一个捡垃圾的人,即使开上了汽车,又有什么好神气的?"

但他并不在意别人的眼光，因为他有他的过去、现在与未来，这是别人无法干预的。

不久以后，他又开了一家废品收购站，又添了几名员工。接着，他又开了一家废品收购站，又添了几名员工。转眼间，十年过去了，这个城市的每个地区都有他的废品收购站，都有他的员工。

他，一个曾经落魄的大学生，一个备受嗤笑的无能者，现在已成为一个大老板。

这时，他开着自己豪华的轿车穿梭在大街小巷中，人们这才恍然发现，这正是他们所羡慕的人生。于是，人们一改往昔的态度，纷纷赞叹道："看人家大学生过得多么富有，多么潇洒，多么体面，多么成功。"

这时，家长再次教育自己的孩子时，说道："你要成为一个像他这样有出息的人。"

有一次，一名记者在采访他时问："是什么力量支持着你直到成功的那一刻？"

这个大学生说："是信念，不论你选择做什么，只要坚持去做，大胆去做，直到做到了最好，你就成功了。"

有一句话说：20岁时，我们在意别人对我们的想法；40岁时，我们不理会别人对我们的想法；60岁时，我们发现别人根本就没有想到我们。这并非一种消极态度，因为大多数人都有自己的事情要做，并没有多少时间把注意力集中在别人身上。

在日常生活中，很多时候，我们并不觉得自己哪里错了，但却因为别人的一言一行而苦恼。别人的一个眼神、一句笑谈、一个动作都会让我们觉得不自在，许多莫名的压力向我们袭来，使得我们茶不思，饭不想，从而扰乱了我们的正常生活。于是，我们做事情总是畏首畏尾、小心翼翼地看着别人的眼色，生怕在言行上稍有不慎，成了人家的笑柄。

要想拥有一个幸福而快乐的人生就应该认清自己，忽略我们在别人眼中的样子。就像唐伯虎所说的一样："别人笑我太疯癫，我笑他人看不穿。"我们是活在天地之间而不是活在别人的眼中，为什么要让别人毁了我们的生活呢？

奥巴马在一次演讲中说道："不要让别人的看法来扰乱你的生活，更不要让别人的看法左右你的人生，因为人生的道路是自己走的，别人只是你人生旅途中的一个匆匆过客，他们不会陪你走到最后，不会为你的行为埋单，真正需要为你的行为埋单的是你自己。"

在人生的道路上，我们只是别人眼中的一道风景，不要过于纠结别人对我们的看法。因为，你因别人的看法而哭泣，只能让别人意识到你的无能。太在意别人的评价，你往往会在别人的阿谀奉承中迷失了自己，更容易在别人的口诛笔伐中自甘堕落，这样，你很难坚持自己的卓见和判断。太在意别人的目光会让你的心理压力变大，每天面对十目所视、十手所指的压力，你总会害怕别人注意你的缺点或疏忽。这会使你退缩，失去积极的主动，同时也会令你感受到更多的压力。

2.勿做他人"跟班"，成功不可复制

走别人的老路，这是成功人士最大的忌讳，包括奥巴马。出奇制胜，这是奥巴马的人生信条，因为做他人的"跟班"，永远都与成功无缘。

在2008年的美国总统竞选中，奥巴马提出的各种政策都与前总统布什的政策形成了鲜明的对比。他知道自己要想有所作为，就不能成为他人的"跟班"，他所面临的形势也不容许他做"跟班"。于是，他提出经济上实

行变革，外交上改变策略，并以此来赢得选民们的支持。

美国总统大选实际上就是一种竞赛，要想获得最后的胜利，就不能跟在竞争对手的身后。奥巴马懂得这个道理，因此，在竞选过程中，他也不做"跟班"，总是尝试走出一条自己的道路，利用自己的优势压制对手，让自己在被动的时候转为主动。

在大选中，麦凯恩和奥巴马各有不同的优势。麦凯恩是越战老兵、资深参议员，在军事和外交政策上的经验是他在竞选中一直竭力吹捧的。为了向美国人民展示他的优势，麦凯恩于2008年3月16日抵达伊拉克，开始了他获得总统候选人提名的首次外交之旅。作为参议员委员会主席，麦凯恩是布什政府推行的伊拉克政策的坚定支持者和推动者。

为了证明自己的外交能力，奥巴马也开始了他的中东和西欧之旅。而中东之旅的第一站，奥巴马未做麦凯恩的"跟班"，而是选择了塔利班和"基地"组织"重镇"阿富汗。他阐明了自己的政见：阿富汗才是真正的问题所在。美国必须从伊拉克撤军，同时出兵阿富汗。

麦凯恩在欧洲之行中没有到访德国。而奥巴马将西欧之行的首站目的地选在了德国。对此，他有自己的想法：历任美国总统都没有把德国作为欧洲最重要的战略伙伴，他希望通过德国之行，吸引更多的报道和关注，除此之外，德裔白人的比率居美国各类白人比率之首，德国之行必然会引起德裔选民们的好感。事实证明：20万名柏林观众推动的"奥巴马飓风"席卷了整个欧洲，奥巴马的声誉在国际上越发提高。

奥巴马的"另类"出访让他获得了比较高的民意支持率，据盖洛普民意调查结果显示，出访之前，奥巴马仅仅领先麦凯恩2个百分点；出访之后，奥巴马领先了麦凯恩6个百分点。

从来没有人告诉过奥巴马，总统该怎么做，选举该怎么搞。尽管之前也有人坐上了总统的宝座，但奥巴马还是通过自己的方式赢得了自己的辉煌。

我们做事总是喜欢寻找先例，别人没有做过，我们可能就会觉得自己做有点"另类"，或是因为害怕别人的嘲笑，或是因为害怕结局没有保障，就不敢首开先河。然而，如果总是拘泥于这种思想，我们的人生就无法变得更加精彩，就只能跟在别人的屁股后面，即使做到最好，也永远只是"老二"。

"老二"是做不成的，因为别人的成功模式无法复制。每个人都有与别人不同的优势，面临的问题也会不一样，总是做"跟班"，往往会造成"邯郸学步"的后果。

想要取得成功，就应该另辟蹊径，不要沿着别人成功的老路走。

吃过葡萄的人都知道，葡萄籽坚硬，牲畜不吃，沤粪不烂。面对谁都不要的葡萄籽，在北京的郑州女孩张丽雯却用自己的逻辑思维进行了分析，她说："葡萄籽不是垃圾，而是放错了地方的宝贝！"

既然是宝贝，张丽雯肯定不会放过。消息传开，北京大大小小的葡萄酒厂纷纷找上门来，希望张丽雯收下"一文不值"的葡萄籽，他们还答应长期免费供货。男朋友见张丽雯四处收集葡萄籽，万般阻挠地对她说道："这是傻子才肯做的事，别人都不要的废物，你要干什么？"

"不从众，才会出众！越是别人不看好的葡萄籽，就越有商机。"张丽雯非常自信地开起了玩笑，她告诉男朋友："这是商机，暂时保密。"2009年8月，张丽雯筹集了300万元，从法国采购了一套压榨设备，建了一个葡萄籽榨油厂。

葡萄籽能榨油？直到这个时候，人们才知道张丽雯大量收集葡萄籽的目的，原来她是想把葡萄籽加工成葡萄籽油。张丽雯是怎么知道这个商机的呢？原来，她有一位同学在法国著名的葡萄酒产地波尔地区打过工，他告诉张丽雯，葡萄籽可以榨油。同学还告诉它，葡萄籽油含有4%左右的花青素，具有很好的美容效果。还含有维生素A、维生素E等多种人体需要的营养成分，它的食用价值甚至比花生油还高，在国外广为销售。正是受到这些话的启发，张丽雯才大胆地做出了建葡萄籽榨油厂的决定。

2010年年初，张丽雯的葡萄籽榨油厂生产的油一上市，就立马成了抢手货。产品不愁没有销路，原料又不花钱，这一年张丽雯净赚了500多万元。到2012年6月，张丽雯已经从葡萄籽中挖掘了2000多万元的巨额财富。

当别人问她："你为什么看好葡萄籽的发展前景？"张丽雯说："不从众，才会出众！当所有的人把葡萄籽当成垃圾扔掉时，我认为它是放错地方的宝贝。"这就是张丽雯成功的原因。

成功的人，是突破了传统定义的创新者。他们敢于向未知挑战，敢于打破常规，敢于在得失中放弃，只有这样才能够在激烈的竞争中得以胜出。如果总是因循守旧地按规矩办事，就永远不可能走在时代的前列，只会在别人美餐过后拾人残羹冷炙。

奥巴马在一次演讲中说道：生活中，我们选择前进方向时，总是习惯性走大多数人走过的路，因为我们偏执地认为这样不会出错。但是要知道，跟着别人走，你永远只能做第二。

在北京，李剑是电影藏品圈的名人。他走出了一条和别人不一样的创业之路——电影海报。

2004年，大学毕业的李剑进入了一家商业调查机构，担任数据分析师。表面风光的他却干得并不开心。于是，他想到了创业。该干点什么好呢？不仅是李剑，所有年轻人都会有这样的疑问。服装生意？广告圈？这些早已完善的行业，自己可能走出活路吗？

"走别人走过的路永远不会成功！"李剑这样告诉自己。

一天，李剑来到一位兰州老乡的家里。他看到，老乡家里挂着一幅美国大片的巨型海报。当时在国内，这种原版的巨型海报还非常少见，李剑像呆了一样站在那里，久久不愿离去。

李剑特别喜欢这幅海报，询问老乡在哪买的。一问才知道，这是老乡从国外带回来的，北京根本买不到。看着失落的李剑，老乡说："你这么喜欢海报，开一家电影海报馆得了！"

老乡的话让李剑立刻茅塞顿开："对啊，我干吗要走别人的路，自己为何不能开创一个行业？"通过调查，他得知电影海报行业在中国基本还处于起步阶段，有巨大的市场空间。

就这样，李剑踏上了创业之路。他在海淀区租下一个60多平方米的店面。这个"冷门小店"立刻吸引了很多人的注意，仅仅半年，他就收入14万元，相当于过去两年多的薪水。

2006年，李剑在北京海淀区成立了自己的公司，并于当年10月在家乡兰州开了第一家分店，成了中国靠电影海报发家的第一人。

如果依旧走过去的老路，此时的李剑也许还是一名平凡的数据分析师。在这个世界上有这么一种现象——学会打破常规，才能找到适合自己的路。你做到了就会获得与众不同的标签，变得更接近成功。

一个总是跟着别人脚印前进的人，最后只会被贪图安逸、害怕冒险的人群所淹没。敢走别人从未走过的路，另辟蹊径，才能凸显出自己的不凡，从而出奇制胜。

3.面对质疑，要敢于坚持自我

我们要记得：面对质疑，只要问心无愧，就不要因为他人的质疑而改变我们好的本质。质疑既然不可避免，不如坦然地去面对。遵从己心，不忘初心，让它照亮我们前进的方向，做我们认为正确的事情，不要让他人的质疑对我们今后的行为造成任何负面的影响。

人们喜欢把奥巴马和麦凯恩放在一起比较，如果把家世这方面作为总统竞选的考核内容，麦凯恩无疑比奥巴马更具"总统相"。麦凯恩出身名门望族，祖父和父亲都是美国海军高官，因为战功卓著，他们的姓名还被命名为一艘战舰的名字。在美国军政两届，麦凯恩是个响当当的人物。相比之下，奥巴马就是一个十足的"小人物"，他的父亲是肯尼亚人，奥巴马小时候在夏威夷海滩和印尼街头度过，出生于单亲家庭，虽然有兄妹八人，可是分别居住在非洲、亚洲、美洲的不同国家。在收入方面，名门出身的麦凯恩也要比奥巴马好很多。麦凯恩从小家底殷实，妻子在某著名公司任职，身价过亿。奥巴马的妻子则出生于一个黑人工薪家庭，小时候家庭也比较拮据。麦凯恩从1986年开始连任了四届联邦参议员，具有强劲的政治手腕和大量人脉，而奥巴马在34岁的时候还只是所在州的参议员，到了2004年才成功竞选联邦参议员。

如果只看以上那些，我们会发现，与麦凯恩的竞争，奥巴马可以说是一点优势都没有，他在任何一方面都处于劣势。如果这个时候奥巴马也这么认为的话，那么他就不可能有机会竞选成功，实现自己心中的梦想了。事实上，奥巴马并没有被这些因素所影响，在他看来，这些都是附加的条件，真正决定自己能否当选总统的是美国人民，而不是资历。

在一个视权力为一切的国家里，单薄的人脉关系和贫乏的政治经验使得奥巴马在一开始就不被人看好。而且由于肤色的原因，他的竞选也备受争议，一时间，人们很难接受一个有色人种来接管自己的国家。因为人们不相信一个有色人种会爱美国。在这些人中，白人的反应最为强烈。但是随着竞选的深入，当双方将各自的政策和国家理想公之于众时，人们渐渐改变了原来的看法。

不要在意别人的质疑，坚定你的方向，你就会发现，时间能证明一切。当你疑惑时，时间一定会给你一个满意的答案。

最早发现能量守恒与转化定律的是德国医生迈尔，当他把这个定律公之于众时，他被当时的人们称为"疯子"。

人们说："大家说，迈尔医生是不是疯了，他说的这些全部都是无稽之谈，简直就是一个疯子。"

面对质疑，他并没有因此而改变他的研究方向，他回到汉堡写了一篇《论无机界的力》。他把这篇论文投到《物理年鉴》，却没有被发表，最后他只好将其发表在一本名不见经传的医学杂志上。他到处演讲，宣扬他的学说，宣扬能量守恒和转化定律。

可是，当时的物理学家们无法相信他的话，很不尊敬地称他为"疯子"。迈尔的家人也怀疑他疯了，竟然想请医生来医治他。

然而，面对质疑，迈尔并没有退缩，而是继续到处去宣扬他的学说，最后他的发现被称为"欧洲19世纪三个重大发现之一"。

人们都说：一个伟大的先知，他所说出的话，开始肯定不会被人认同，如果人们一开始就认同他们所说的话，那么所有的人不都成为先知了吗？

在追寻真理的过程中，迈尔也经过了这一劫。

在现实生活中，追寻真理必定要经过质疑。因为只有经过质疑和时间的考量，你的观点和做法才会得到认同，才会站稳脚跟。虽然被人误解是一件痛苦的事，但是，理解也好，误解也罢，是任何人都无法掌控的。我们需要明白的是，我们所做的事并不是因为要获得他人的理解和赞许。

当奥巴马已经成为哈佛大学法学编辑的时候，他本来无意竞选总编。

一个比奥巴马年长的黑人学长说："你是不敢参选，因为该杂志从来没有出现过黑人总编。"一位黑人同学也埋怨说："奥巴马，你连尝试一下的胆子都没有吗？"还有一位学长要跟奥巴马打赌："你肯定选不上。"

在质疑中，奥巴马突然觉得这个挑战好像还挺有意思，既然从来都没有黑人当过总编，自己成为第一个黑人总编也挺好玩儿。他还想：自己已经花了不少时间与精力做好编辑了，为何不做个总编呢？他把自己的情况与应届毕业生做了对比之后，觉得自己毫不逊色，因此，他决定去竞争。

在80名编辑中，有19名同学申请竞选总编一职。在任总编彼得想出了一个奇特的竞选方法：所有竞选者在同一个房子里为评委们做早餐，这个房间就像一个审讯室，设有隔音玻璃窗，其余不竞选总编的人在外面讨论各个候选人的优缺点，然后由总编主持公平评审。每淘汰一个竞选者，他的名字就会贴在玻璃窗上，然后被淘汰者就加入评审的小组中。

总编评审非常激烈，一直从早上8点持续到午夜12点，奥巴马最终获得了胜利，成为哈佛大学法学杂志的第一个黑人总编。

选择一条适合自己的路去走，既然是自己所选，就要坚定方向，不要去管别人的闲言碎语。同时，无论这条路多么曲折崎岖，路上有多少障碍，只要我们坚持一直走下去，最终会有一条属于我们的康庄大道。

这个世界本没有路，我们的人生也是一样，需要我们去走、去开创。

不管别人说这条路有多么的艰难，我们都要走下去，因为这是你自己的路，与别人无关。最后你会发现，你的道路会越来越平坦。

4.别让他人的舌头左右你的未来

有一幅漫画，淋漓尽致地描述了许多人都曾经历过的一幕。

高考分文理班，一群"过来人"告诉你要怎么选择："你理科这么差，还是选文科吧！""选文科以后好发展，没错！""你不是喜欢生物吗？选理科好！"

考大学的时候，"过来人"又出现了，告诉你该选择什么学校、什么专业："上师范大学吧！老师这个职业是铁饭碗！""你为什么不去外国语学院，那学校名气多大！"

大学毕业了，又是当年那群"过来人"，用他们的人生阅历，告诉你该做什么工作："画画没前途的，根本养活不了自己。""跟你说过，不要学动画，当初你就是不听。""我看，还是转行吧，最好能进一家事业单位！"

在你没有做出什么惊天动地的成绩之前，你所有的决策，在那些"过来人"眼里，似乎都是幼稚的。可是，如果你听了他们的话，那么你这辈子所走的路，不过是别人给你设计好的一个框架，或者说就是在"复制"他人的人生。

有一个行路者，他的目标是登上最高的山峰。但前程茫茫，路途漫漫，该何去何从？最终，他迷失了方向。

有一个追求者正好路过，行路者奔迎上去，恳求道："我迷失了方向，请为我指点迷津吧。"

追求者说："跟着我走，就可以了。"

行路者欣喜万分，但又疑虑重重，问道："你知道方向吗？"

追求者自信地说："那是当然。"于是，行路者转悲为喜，随他而去。一路上，他们谈笑风生，不亦乐乎。

终于，他们到达了一个地方。那里波涛起伏，一望无际。

行路者放眼望去，大惊失色，失声道："这是大海？"

追求者说："对，这就是我们朝思暮想所要见到的辽阔与宏伟啊。"说完，他兴奋不已。

行路者悲痛欲绝，说："但我是要到达高山啊，我的目标是登上最高的山峰。"

追求者说："既来之，则安之。有了大海，还想高山干什么？"

行路者追悔莫及，说："可是，这并不是我想要到达的地方。"

追求者说："可是，你已经到了这里了，再说，这里也不错呀，不如留在这里，与我共享大海的欢乐吧。比你再返回去，重新寻找你要去的地方好多了，返回去也不一定能找到你想要去的地方。"

行路者想了想，叹息了良久，最终还是留下了。

多年后……

追求者早已作古，墓碑就屹立在海边，上面写着：永垂不朽！

行路者却一无所成，没有登上自己的高峰。临终之前，他只留下了一句话：跟着目标是海洋的人行走，你永远也登不上属于自己的高山！

人生最大的遗憾，就是一生都在追随别人，而没有找到自己的方向。

所以，一个人要想成功，必须找到自己的方向，并坚定不移地走自己的路。

在奥巴马角逐总统的初选时，他并不被人看好，特别是在一些白人占主导地位的州，在那些地方，一个名不见经传的黑人很难得到认可。然而，奥巴马并没有为此而放弃竞选总统。他捷足先登，首先来到这些地区竞选，以取得优势。他诚恳地说："在一些重要的议题上，尤其是谁来领导这个国家的议题上，人民的选择会超越种族。"

在一次与选民的见面会上，希拉里被问到如何化解竞选压力时，她潸然泪下："这么多年来一直在世界各地忙碌着，我问过很多人同样的问题，如何化解压力？现在我知道了这个问题的答案，那就是与普通人之间的问候、了解和关怀。"此举为希拉里赢得了不少支持率。

但奥巴马没有惊慌失措，终于等到他发言的机会了。奥巴马沉着地表达了自己曾经在社区里工作过的经历，以争取这个州的选票。

奥巴马坚定不移地相信自己的选择，他对自己的支持者说："有些人不相信我们会取得成功，觉得我们是在做一件极其荒谬的事情，那些人甚至说国家分歧太多以致意见难以统一，但是选民的正确抉择会让那些批评家闭上嘴。"就这样，他坚持了下来，事情的结果也正如他所预料的那样。

奥巴马对女儿说：自己拿主意，当然并不是一意孤行，孤芳自赏，而是忠于自己，相信自己，不轻易被别人的思想所左右。

但是生活中，人人都难免有从众心理，常常会为了顾及面子而附和他人的思想和认知，从而失去了独立的判断，处处受制于人。这真是一种莫大的悲哀。作为一个人，我们要有自己的主见，不可盲目追随别人。

一个少年懵懵懂懂、心高气傲地想要做成一件大事，取得伟大的成就。为了得到别人的支持与信任，他逢人就滔滔不绝地说出自己的宏图。

但别人听了，并没有祝福他宏图大展，而是不以为然地说："你一个初入社会的少年，有什么资格谈论伟大的志向？或许你志在必得，或许你孺子可教，或许你信誓旦旦，或许你梦想成功，但不论你有多少个或许，只有一个必然而肯定的结局，那就是这所有的一切，都只是你的一厢情愿，而并非事实的本来面目。"

少年茫然了，问："我就没有一点儿成功的资格吗？"

别人都说："是的，没有。"

少年听信了别人的话，在平凡中等待着。转眼间，少年变为了青年，又想起了儿时的梦想，又燃起了成功的斗志。但他依旧没有胆量去追寻，于是，又开始向别人咨询意见。

但别人听了，并没有祝福他马到成功，而是不屑一顾地说："你的志向太伟大了，不是你力所能及的。古今中外，能够取得这样成就的人有几个？你仅是一个平凡人而已！成功不是那么容易的，如果容易，人人都成功了，但事实上，绝大多数的人都是平凡的，还是在平凡中安分守己吧。"

青年失落了，问："我就没有一点儿成功的希望吗？"

别人都说："是的，没有。"

青年又听信了别人的话，在平凡中适应着。转眼间，青年变为了中年人。中年人不堪平凡又想做成一件大事，为了鼓舞志气，他一如既往地向别人征求意见。

但别人听了，并没有祝福他心想事成，而是有理有据地说："圣人有言，三十而立。而你已过了而立之年，人生还没有什么起色，也就是说，你在大好时光中都没有成功，以后就更加困难了。"

中年人无奈了，问："我就没有一点儿成功的能力吗？"

别人都说："是的，没有。"

中年人落寞了，就这样日复一日，年复一年。转眼间，中年人变为了老年人。老年人不想就这样在平凡中结束一生，希望发挥余力，获得成功。这时，他更不自信了，依旧询问别人。

别人听了，并没有看好他老当益壮，而是感到不可思议地说："虽说姜尚八十，方才建功立业，但你是那样的人吗？记住，纵然你雄心万丈，但现在你已力不从心。接受吧，这平凡的人生，就是你人生的现状。"

老年人绝望了，最后在绝望中死去。就在他死去的当天，他见到了天帝。一见面，便问道："为什么我一生没有取得任何成就，这是命中注定的吗？"

天帝不答，只问道："你为什么不去追求成功呢？"

这个人说："因为别人都不支持我，都不相信我，我又如何成功呢？"

天帝说："如果你一直相信自己，并取得了成功，别人还会怀疑你、反对你吗？"

他听了，哑口无言。

天帝说："其实，你的成败，并非取决于别人，而是完全取决于你自己。很多人之所以一生碌碌无为，并非他们没有梦想，也并非他们不想成功，而在于他们总是怀疑自己，最终放弃了自己的梦想。"

这个人终于有所觉悟了，然而生命已逝，他唯有无限遗憾地怅然叹道："人生中最大的失败，就在于不相信自己，从而放弃了自己的梦想，最终一无所成。"

每个人都会在乎别人的看法，但任何事物都有一个"度"，一旦你常常让别人的看法代替自己的看法，这将是一个危险的信号。虽然人是群居动物，难免有从众心理，但是人生的路还是要靠自己走，如果你一味地人云亦云，被人牵着鼻子走，最后迷失自己，得不偿失。

5.人生有主见，青春不迷茫

纵观中外历史，无论哪个领域，但凡成功人士都有一个共同的特点，就是有主见，处事敢决断。胆小怕事的"鸵鸟人"和人云亦云的"鹦鹉人"永远都不会成功。

盲目地做"群羊"是一件多么愚蠢的事情。所谓的"群羊效应"，是指人们经常受到多数人的影响而跟从大众的思想或行为，也被称为"从众效应"。大多数人会追随大众所认同的观点，并不会独立思考。

生活中，很多人有"群羊"的想法，他们一味地从众，从来不去考虑自己做的事情本身是否正确，缺乏判断和主见，无法看清自己的现状，总是让别人牵着鼻子走，结果损失惨重。

玛丽亚在上大学一年级的时候，每月只有5英镑的生活费，这本该够用了，可是她却时常感到拮据，因为她不懂得拒绝。比如有同学邀请她参加聚会，尽管当时她的口袋已经不富余了，可她还是硬着头皮答应了。这意味着第二天她的午饭将没有着落。可是有什么好的办法呢？总不能拒绝吧，那样会让别的同学看不起自己的。

为了应付这些聚会，玛丽亚得节衣缩食，可即便是这样，她的钱仍然常常不够用。身上只有20先令的她还得维持到月底，就在这时候，她收到姨妈的信，说下周四要进城，要她陪自己吃午饭。

姨妈是玛丽亚母亲的姐姐，对玛丽亚视如己出，疼爱有加。玛丽亚绝对没有拒绝的理由，但是吃饭也不能让姨妈掏钱啊。可自己就剩这20先令了，这可怎么办才好呢？

周四很快就到了，玛丽亚的姨妈找到了她，并让她同去吃午饭。玛丽亚囊中羞涩，心想：我知道一家不错的小饭店，在那儿一人只需要花3先令就可以吃一顿午饭。那样的话，我就可以剩下14先令用到月底了。

可是，她不敢这样提议，姨妈好不容易进城一次，要让她做主啊。正在这时，姨妈说："玛丽亚，咱们去哪里吃饭呢？"

玛丽亚虽然嘴上说："姨妈，您决定吧。"但是她心里却希望姨妈不要去太贵的地方。

这时，姨妈说："午饭我从不吃得很多，一份就够了。咱们去一处好点儿的地方吧。"

玛丽亚答应了，心里却在暗暗叫苦。玛丽亚就领着姨妈朝她早已选好的那家小饭店的方向走去，没想到姨妈突然指着街对面的那家"大皇宫"说："那儿不是挺好吗？那家餐馆看上去不错。"

玛丽亚说："嗯，好吧，如果比起我们要去的地方您更喜欢的话那我们就去那。"

走进那家装修豪华的饭店，玛丽亚想：或许点一份菜的钱还是够的。侍者拿来了菜单，姨妈看了一遍后说："吃这个好吗？"

那是一道法式烹饪的鸡肉，是菜单上最贵的：7先令。玛丽亚为自己点了一道最便宜的菜，花了3先令。这样，她用到月底的钱就还剩下10先令，不，9先令，因为还得给侍者1先令的小费。

"这位女士，您还需要什么吗？"侍者说，"我们有俄式鱼子酱。"
"鱼子酱！"姨妈叫道，"啊！对——那种俄国进口的鱼子，棒极了！我可以要一些吗？"

玛丽亚心想这该死的侍者赶紧走开吧，这样的话她用到月底的钱就只有5先令了。于是，姨妈又要了一大份鱼子酱，还有一杯酒以及那份鸡肉。

玛丽亚算了算，只剩下4先令了，好在4先令还够买一周的奶酪面包，她就松了一口气。

姨妈刚吃完鸡肉，又看见一个侍者端着奶油蛋糕经过。"嘿！"她说，"那些蛋糕看上去非常好吃。我不能不吃！就吃一块小的。"现在只剩3先令了，玛丽亚有点垂头丧气，可是她不能表现出来，那会让姨妈伤心的。

这时侍者又端来一些水果，姨妈肯定还会吃一些。当然，还得喝点咖啡，尤其是在她们吃了这么丰盛的午餐之后。

"没有啦！甚至连准备给侍者的1先令也没有了。"玛丽亚在心里叫道。

账单拿来了：20先令。玛丽亚在盘里放了20先令。没有侍者的小费，姨妈看了看钱，又看了看玛丽亚。

"那是你全部的钱?"她问。

"是的，姨妈。"

"你全用来招待我吃一顿美味的午餐，真是太棒了，可是太傻了。"

"哦不，姨妈。"

"你在大学学语言吗?"

"对。"

"在所有的语言当中，哪个字最难念?"

"我不知道。"

"就是'不'这个字。随着你长大成人，你得学会说'不'，无论是对谁。我早就知道你没有足够的钱来这家餐厅吃饭，可我还是想让你有个教训，所以我不停地点最贵的东西，看你懂不懂得拒绝，可是你没有。哦，可怜的孩子！"

最后姨妈付了账，并给了玛丽亚5英镑作为礼物。

谁若游戏人生，他就一事无成，谁不能主宰自己，他就永远是一个奴隶。不要等别人去安排你的人生，因为他们也许会很忙，而且未必就能安排得好。你终究是属于自己的，没有人可以真正对你的人生负全责，哪怕是你最爱的人和最爱你的人也不能。

所以，你想过好自己的人生，就要学会主宰自己的命运，即使它会失败，那也是属于你自己的人生。只有这样，当你生命将尽时你才不会后悔，因为你拥有了属于自己的命运。你不需要问自己是谁，未来会怎样，你就是你自己，一切自己决定就好。

乔治·萧伯纳有这样一段名言：征服世界的将是这样一些人——开始的时候，他们试图找到梦想中的乐园，最终，当他们无法找到时，就亲自创造了它。生命的精彩在于创造，你的未来掌握在自己手中。

第 五 章

『不再偷懒，
人生没有唾手可得的晚餐』

懒人真的很招人烦——得像赶驴磨磨一样逼着他们做事情。如果我想跟你看一场电影，却不得不花一个小时来说服你起床，那我宁愿一个人去看。给自己动力都不是件容易的事情，就别让朋友和家人浪费宝贵的精力再来给你动力了吧。

1.成功没有捷径，唯有努力才是王道

一个人想要成功，就应该为之付出应有的努力，如果他只是坐在原地幻想，那么他永远也不可能获得成功。与之相同，任何一个伟人，都不是一下子成功的，他们为了成功付出了许许多多的努力，用自己的汗水和辛劳浇灌理想之花。可见，唯有付出努力，才能摘得香甜的果实。

做任何一件事，如果你没有为之付出应有的努力，那么这件事很可能以失败告终。成功不可能不劳而获。做好任何一件事，都需要付出相应的努力，都需要相应的汗水，只有如此，才能把一件事做好，才能得到应有的回报。

如果奥巴马在拥有了总统梦想之后，一直只是幻想，而不去为自己拉选票，那么，我们就看不到今天的奥巴马了。奥巴马在竞选总统一开始就处于劣势，这就要求他必须比对手付出得更多，才有可能将对手打败，不然他就只有失败这一条路了，那么他的总统梦想也将付诸东流。

作为一名公民权利律师、教师、慈善家以及自传作家，奥巴马说自己从政是为了推动社区组织建设。尽管对政治的认识还很浅薄，但他在1996年竞选伊利诺伊州参议员时的竞选方式却很高明。民主党初选时，奥巴马质疑他的三个对手在投票请愿书上签名的有效性，其中包括一名长期的芝加哥活动家，此人竞选联邦参议员失败后又想坐回原来位子的州参议员，结果他们全都被迫退出，这样奥巴马就自动成为民主党选民集中的第13区的提名人。1996年，35岁的奥巴马从芝加哥第13区——海德公园区以大幅的优势入选伊利诺伊州议会，两年后奥巴马如愿取得连任。

如果奥巴马只满足于他眼前所取得的成绩，停下了前进的脚步，那么他可能永远只能停留在这样的一个平台上，但是他并没有如此，他宁愿更辛苦，更累，也要进入他梦想的白宫。所以与其他竞选人相比，他更具备领导气质，更加适合这个职位，因为他用自己的劳动做出了许许多多利于美国人民的事，他能让更多的伊利诺伊州人获得实质性的利益，所以他的连任理所当然。

但是，此时的奥巴马仍然是一个微不足道的州参议员，一个得不到非洲裔群体支持的非洲裔政客，一个芝加哥权力核心的边缘人。

2002年秋，在州议会待了不到六年的奥巴马，找到该州新上任的参议院民主党领袖琼斯，说服对方让他代表伊利诺伊州民主党竞选2004年的联邦参议员。这是一个比他两年前落选的国会众议员席位更重要的位置，但琼斯看好奥巴马的潜力，愿意冒这个险。有了琼斯的帮助，奥巴马的竞选之路一路顺畅。琼斯利用他的影响力打击党内其他参选人，为奥巴马赢得了关键的竞选空间，还帮奥巴马组织了庞大的非洲裔支持队伍——这些条件都是奥巴马先前所没有的。

但奥巴马没有把所有的希望寄托于此，也没有停下自我改造的脚步。他从2000年开始造访区内各个黑人教堂，学习黑人牧师讲话的节奏和夸赞的神态，几乎从不错过每个星期在黑人教堂发言的机会，不断强调自己对于基督教的信仰。

此外，在长期的法律工作中，在酒吧里的扑克牌联谊中，奥巴马也得到了很多小镇律师的支持。这种平民化的生活，让奥巴马离底层和美国穷苦人民更近了，并且获得了他们的支持，这些都是成功的保障。而为了获得竞选经费，奥巴马一家把公寓拿出去抵押了。最终，由于他的对手霍尔卷入家庭虐待，最终奥巴马以52.8%的支持率赢得了伊利诺伊州民主党联邦参议员候选人的资格。

奥巴马作为一名黑人能够当选联邦参议员可以说是一个奇迹，虽然他并不是第一个当选联邦参议员的黑人，但是他的这种成就足以让人侧目。而且他的当选完全可以看作是为2008年的总统选举做铺垫，所以说他的当选对他的一生来说是一个非常重要的转折点。但是，我们不能忽略奥巴马为了消除种族歧视，为了获得更多的选票所做出的努力，他的这种努力才是帮助他成功的直接因素，而并非仅仅依靠他非凡的能力。

奥巴马对女儿说：成功没有捷径，唯有努力。只有比别人付出更多的努力，才能得到比别人更多的回报。

在中国歌剧界，有这样一位名人，他出生于农村，20岁之前根本不知钢琴为何物，从小跟着收音机、大喇叭学唱歌，22岁才开始接受正规的音乐训练。可就是这样一位农民、建筑工，最后凭着自己的执着和努力成为中国第一男高音，同时成为世界著名歌唱家帕瓦罗蒂的首位亚洲弟子。他就是著名歌唱家戴玉强。

戴玉强出生在河北廊坊的一个小村庄里。小时候，他和大多数农家子弟一样，砍柴、喂猪、喂兔、干农活、挣工分……

戴玉强读高中时，学校大喇叭天天放着《祝酒歌》《再见吧妈妈》《泉水叮咚》，他听得多，也就跟着学。谁也不知道，戴玉强年轻的心从那时起就埋下了音乐的种子。后来他考入了北京煤矿学校学建筑。有一次学校搞文艺晚会，班里要出个节目，大家就把嗓子不错平时爱吼两声的戴玉强推上了台。

那是戴玉强第一次走上舞台，当时是清唱，他紧张得两腿发抖，一开口就唱跑了调。但有了这次实战经验，他在日后的文艺汇演中竟然获得了京西矿务局文艺汇演的二等奖。

毕业后，戴玉强被分配到太原古交矿区公司的建筑队当一名技术员，那时他的月薪只有32元。上班3个月后，几个同学凑钱买了台收录机，戴玉强从此就跟着收录机学唱。那段时间，他第一次听到了意大利歌剧《我的太阳》。

在建筑队，戴玉强扛材料、和灰浆、垒砖墙。但是，他一直告诉自己要像关贵敏、李双江、吴雁泽等歌唱家一样登台演唱。所以，他参加了山西省歌舞剧院委托中央戏剧学院代培学员的招生考试，并且顺利进入中央戏剧学院学习歌剧表演。那一年，戴玉强已经22岁了。戴玉强就是在这种艰苦的条件下，完成了学业并回到了山西省歌舞剧院歌剧团。

1991年，戴玉强又以第一名的成绩考入了解放军艺术学院继续深造。

然而，走向成功的道路从来都不是一路畅通的。1992年他参加中央电视台全国青年歌手大奖赛，连初赛都没有通过；1994年他又报了名，在复赛中又被淘汰了；在此之前的1993年，他得到一次公派自费到维也纳歌唱比赛的机会，当他终于凑够路费赶到维也纳时，却因劳累而意外失声……

不得志的戴玉强进不了音乐的殿堂唱歌剧，只好在酒吧歌厅里，在酒店的大堂里唱通俗歌曲、流行音乐、民歌民谣。当时几乎没有人知道戴玉强学过美声。但是在戴玉强的心里，他从来都没有忘记过歌剧。

戴玉强后来回忆说："我在30岁之前，一到关键时刻就掉链子，参加大赛或重要演出前失眠，以致嗓音喑哑，无法演唱。腿打抖、唱劈都时有发生。有老师断言我天生就不是唱美声的料。换别人早改行了，可我始终没有放弃。我不断地和自己内心的脆弱交战，跌倒了，爬起来，在舞台上变得更自信。"

1995年，戴玉强的机会终于来了，他成功考上了中央歌舞剧院排演的歌剧《图兰朵》的正式男主角，演出获得了巨大成功。当他唱到《今夜无人入睡》那一著名唱段时，整个剧场像要爆炸了一样，雷鸣般的掌声如潮水般向他袭来。不期而至的巨大成功使他惊呆了，让他不敢相信眼前的一切都是真的。他终于成功了！

2001年4月，在北京举行"三高"音乐会之前，世界三大男高音经纪人公司到中国来考察中央歌剧院交响乐团，剧院安排戴玉强配合乐队演唱了两首歌剧的咏叹调。当他演唱完"男高音的试金石"《冰凉的小手》时，"三高"经纪人公司副总裁托马斯就对中国文化艺术公司的人说："我要这个人的资料。"等他唱完《今夜无人入睡》时，托马斯早已泪水涟涟，他没想到，一个中国人竟然能把西洋歌剧唱得如此好。

当托马斯回国后将戴玉强推荐给总裁鲁道斯并让他听了戴玉强的声音后，鲁道斯无比惊讶地说："我从来没听过这么像帕瓦罗蒂的男高音。"就这样，戴玉强顺利成为帕瓦罗蒂的首位亚洲弟子，他也因此被誉为"世界第四高""中国第一高"。

诚如奥巴马认为的那样：伟大不是凭空而来的，而是赢得的。在我们的人生历程中，从来没有走捷径或者退而求其次之说。

爱因斯坦曾说："人们把我的成功归因于我的天才，其实我的天才只是刻苦罢了。"在这个世界上，无数伟大事业的创造者和无数铸就了人生辉煌的成功者，无不以自己非凡的经历证明了一个真理：任何一个人，不管他想在哪一个领域里有所作为，如果不具备相应的基础知识和不断努力的精神，那么不管他的天赋有多好、资质有多高，他永远也不会成功到达自己事业的高峰！

在这个世界上，那些取得突出成就的人，他们的成绩都是通过坚持不懈的努力和自己的勤奋好学换来的。我们完全不必跟别人比聪明，要比就比谁更勤奋。勤奋比聪明更能帮助我们接近自己的目标和理想中的生活。

2.永远多走一步

奥巴马在一次演讲中说道：书写美国历史的并不是畏惧困难、不敢前进的人，而是坚持不懈、加倍努力的人，他们带着对国家的爱一往无前。

成功的秘诀有很多，有人说成功靠的是天赋，有人说成功离不开背景，有人说成功要借助机遇……是的，成功的条件有很多，但是秘诀只有一个，那就是坚持。正如德国的一句古老的谚语：常常是最后一把钥匙打开了门。

奥巴马在上海复旦大学与学生互动交流时，一个学生提出这样一个问题："我想问的是从另外一个角度来看，因为您很不容易才能得到这个诺贝尔和平奖，所以我在想您是怎么得到这个奖的？还有您的大学教育是怎样使您得到这个奖项的？我们很好奇，想请您给我们分享一下您的校园经历，如何才能走上成功的道路？"

奥巴马非常礼貌地回答道："我也不知道有什么课程学了之后可以拿到诺贝尔和平奖。不过很显然，各位学习都非常努力，也非常有好奇心，自己愿意去思考一些问题。"

我现在经常见到的对我最有启发的人，都是那些愿意不断努力工作的人，并且，他们不断地通过寻找新的途径来提高自己，而不是接受现状、接受常规。有些人进入政府服务，有些人想当老师、教授，有些人想做企业家。但是我认为不管你从事哪个领域的工作，都要不断地努力更新和改进自己，不能满足于现状。要一直扪心自问，想想是否可以用不同的方式来解决问题，不管是科学、技术，还是艺术，去尝试前人没有用过的方法，只有这样才能出人头地。

最后，奥巴马说道："我最敬仰的那些成功人士，他们希望对世界做出贡献，希望对他们的国家做出贡献，对他们的城市做出贡献，也希望给别人的生活带来良好影响。我相信只要在座的你们努力的话同样也能够做出这样的贡献。"

奥巴马把从政当作实现理想的方式，并且，就如他自己所说，他并没有满足于现状，在努力工作的同时，还在努力寻找能够发挥自己的才能和为他人做贡献的平台和机会。

无数的事实告诉我们，成功的道路从来都不是平坦的。这个过程常常充满坎坷和磨难，而一个人是否能够取得成功，就看他能否承受这份煎熬。看看那些收获了成功的人，哪一个不是在经历了一定的煎熬后，才拨云见日实现了梦想的。

可能大家对石悦这个名字并不怎么熟悉，但提到《明朝那些事儿》应该都知道，石悦就是这本书的作者。也许很多人都羡慕他有这样的运气，好像是一夜之间就凭借这部作品红遍了大江南北。

从小学到大学，石悦的成绩都很一般。老师、同学甚至父母在心里都认定他将来不会有多大的出息。的确，石悦在许多方面的表现都很一般，唯有一点与别人不同，他只对历史有兴趣。当别的孩子都在玩变形金刚时，一本《上下五千年》就是他的童年；当别人在大学里忙着谈恋爱、玩网络游戏时，他却每天在图书馆与历史资料打交道。

他不喝酒，不抽烟，不泡吧，不打麻将，甚至不交朋友，完全不像是个"80后"。

直到有一天，一本名叫《明朝那些事儿》的书在天涯论坛、新浪等网站风起云涌，掀起一阵阵热潮。

当许多出版商赶到石悦的单位争相要和他签订出版合同时，大家才知道，这个看似平凡且有点内向的人，就是大名鼎鼎的"当年明月"。所有的人一下子都对他刮目相看。

当记者向石悦请教成功经验时，石悦说："比我有才华的人，没有我努力；比我努力的人，没有我有才华；既比我有才华，又比我努力的人，没有我能熬！"

马克思写《资本论》花了40年，达尔文写《物种起源》花了20年，哥白尼写《天体运行论》花了36年，歌德写《浮士德》花了60年，托尔斯泰写《战争与和平》花了37年，司马迁写《史记》花了15年，左思写《三都赋》花了10年，李时珍写《本草纲目》花了27年，曹雪芹写《红楼梦》花了10年……

奥巴马在给女儿的信中提道："在跌跌撞撞中追寻成功的年轻人，只要你有锲而不舍的坚持、淡定自如的心态，成功最终是会熬出来的！"

贝基拉出生在埃塞俄比亚的一个贫苦家庭，很小的时候，他就渴望成为一名驰骋赛场的长跑健将。他时常站在训练场边羡慕地看着运动员们训练。但极度贫寒的家境让他自卑得有些羞愧——他不仅拿不出训练费，连最便宜的跑鞋都买不起。

那天，贝基拉不知不觉又走到训练场边，望着跑道上那些奔跑的身影既羡慕又难过，心头奔跑的希望亮起来又暗淡下去。一位跨栏教练员听了贝基拉的倾诉，将他带到一组很矮的栏杆前，让他一路跑过去，他轻松地跨越了一个个栏杆。教练员又指了指那组已升高到1.5米的栏杆让他再试一试，他努力了好几次也没能跨过去。

这时，教练员平静地告诉他："孩子，你刚才所说的那些困难，就像眼前的这一道道栏杆，它们会横在每个人的面前。那些你现在跨不过去的栏杆，可能在你一次次的失败后，最终被你跨越。当然，你可以踢翻它们，也可以绕过它们，你只需盯准你向往的前方，只管努力地向前奔跑，相信没有什么可以拦住你的梦想。"

教练员的一席话重新点燃了贝基拉内心的希望，从此，买不起跑鞋的贝基拉开始了他坚定而执着的赤脚奔跑训练。广袤的原野、泥泞的山路、坚硬的戈壁滩上随处可见他奔跑的身影，他已练出了一双铁脚板。数年后，他成了埃塞俄比亚著名的马拉松运动员。

1960年罗马奥运会的马拉松赛场上，贝基拉一出现，便引起人们的关注，因为他是唯一一位赤脚运动员。在数万名现场观众的热烈掌声中，贝基拉为他的祖国赢得了一块沉甸甸的金牌。距1964年的东京奥运会开幕还有20多天时，贝基拉动了一次手术，很多人以为他会因此放弃比赛。然而，32岁的他不仅出现在马拉松赛场上，而且再夺金牌，成为奥运史上第一个蝉联这个项目冠军的选手，也成为埃塞俄比亚的民族英雄。

面对记者们蜂拥而至的话筒，贝基拉激动地感慨道："一切都很简单，只要站在跑道上，就没有什么障碍可以拦住你奔跑的雄心，就只管向前，再向前，一路向前奔赴梦想的终点。"

奥巴马对女儿玛利亚和萨莎说："你比谁都更加努力，才有机会获得比别人更大的成功。"

没错，在我们每个人的面前，都可能横着一些诸如清贫、疾病、磨难之类的障碍，只要不失去向前奔跑的雄心，我们就能勇敢地跨越它们、踢翻它们、绕过它们，最终抵达理想的终点。在这个世界上，最困难的事情不是上刀山下火海，不是面对生离死别、贫苦疾病，而是你什么都不做，却妄想成功。人生很公平，努力得多，就能取得更大的成功；努力得不够，就只能取得一点成绩；不努力，就不会取得任何成绩。

要想成就一番事业，需要持久的恒心，需要持久的等待和忍耐。正如巴尔扎克所说：持续不断的劳动是人生的铁律，也是成功的铁律。持之以恒是成功的捷径，漫长的坚持和忍耐是成功的阶梯。

3.没有不用心就能做成的事

没有任何一种成功可以唾手可得，即使条件再好，起点再高的人也会遇到或大或小的困难。我们应该培养自己解决问题的能力，让自己能够更坦然地面对困难。无论问题大小，我们都应该倾尽自己的全力，可以让自己时刻保持百分之百良好的状态，养成做什么事都全力以赴的好习惯。

但凡不平凡的人都拥有不平凡之处，奥巴马的不平凡不仅仅在于他是美国第一位黑人总统，也不在于他创造了无数个第一，取得了让每一个人都为之艳羡的骄傲成绩，而是他非凡的解决问题的能力，还有他为解决问题所付出的努力。他不会让自己有所遗憾，也不会让自己有所保留，所以，当奥巴马在选举道路上遇到了难题，他总是会全力以赴，让人看到一个百分之百状态的自己。所以他能创造无数个奇迹。当奥巴马竞选联邦参议员的时候，在很多人看来这几乎是一件不可能成功的事，但是奥巴马做到了。这不仅仅是因为他有非凡的口才和无与伦比的个人魅力，还在于他全心全意地付出。后来，奥巴马和妻子来到华盛顿的一个酒店，准备参加几天后的联邦参议员的就职典礼。奥巴马告诉一个记者："那天早上，我们走出电梯的时候，米歇尔看着我，对我说：'真的，我都没想过你会竞选成功。'"

这就是奥巴马，即使是与他最亲近的人，也不能完全正确地估测他的实力。因为当一个人保持全心全意的状态的时候，再大的困难，再不可能实现的事都会变成现实。上帝总是会青睐勤奋的人。

在奥巴马就职联邦参议员之后，他并不只是把这当作一份工作，他清楚地知道自己来到这里的目的，所以他保持了优良品质，为做好每一份工作，他每天都要求自己保持百分之百的活力。奥巴马为了提高自己的能力，丰富自己的经验，目光不只是放在了美国，还放在了全世界，他要得到全世界的青睐和认可，这将对他以后的工作有非常大的帮助。所以对内，奥巴马加强与选民的沟通，在伊利诺伊州一共召开了40次集会，听取他们对他的要求和期望；对外，奥巴马跟随其他参议员周游列国，先后去了俄罗斯、中东和伊拉克。

在参议院，由于民主党这时还是少数党，立法控制在共和党手中，奥巴马尽量避免参与党派之争。他试图移植自己在伊利诺伊州的经验，与共和党合作，为国家和绝大多数人民谋利益。当他投票支持共和党的一个限制集体诉讼赔偿额度的法案时，很多民主党人十分不满，认为他很狡诈，还跟大公司的共和党人同流合污。但是奥巴马没有改变自己的立场。作为律师，他十分清楚，在这类诉讼案中，真正受到伤害的人并不能得到补偿，有些大公司反而快速达成了庭外和解，因此受害人搞不清楚谁是罪魁祸首。

现在有一个十分棘手的问题摆在奥巴马面前。他不仅要将自己的工作做好，还要面对参议员中的党派关系，因为每一项法案的提出与生效，直接关系到一个政党的利益。如果不能充分保证政党的利益，那么这个法案通过的概率就非常小，但是他没有因此放弃为美国公民争取利益，相反，他用自己独特的魅力，尝试与其他更有地位的参议员共同提案，最终他解决了一个又一个难题，让一个又一个法案从他这里诞生。

例如，奥巴马和来自亚利桑那州的参议员约翰·麦凯恩，以及来自马萨诸塞州的参议员爱德华·肯尼迪联合起草了《保证美国安全，加强移民管理》的法案。他们希望能够通过一系列措施解决非法移民的问题，可是这项法案却没有得到认可，直接遭遇封杀。奥巴马还和来自俄克拉何马州的参议员汤姆·寇本联合起草了《联邦消费问责与信息公开法案》和《监督法案》。《联邦消费问责与信息公开法案》规定联邦政府必须把使用的每一笔纳税人的资金在网上公布，而《监督法案》则指在"卡特里娜"飓风之后联邦重建工作中签订合同时的走后门现象。两个法案都被通过。

当然，这些并不是奥巴马的得意之作。奥巴马最重要的立法建树是他2005年与当时的参议院外交事务委员会主席、来自印第安纳州的参议员理查德·鲁格一起起草的《鲁格—奥巴马法案》，该法案主要是为了提高美国国务院与俄罗斯合作寻找和限制核武器的生产和囤积。为了这项法案，奥巴马付出了所有的精力。在提出之前，他与鲁格一道访问了俄罗斯、阿塞拜疆和乌克兰等国家，从中找到法案通过的可行性。最终，布什总统于2007年1月签署了这一法案。

无论处于哪个位置，奥巴马总是能将工作做得十分出色。他不是一个坐吃空饷的人，担任什么样的职位，就会付出相应的汗水，绝不会为了自己轻松而敷衍了事。奥巴马随时随地都保持着十足的工作状态，使得他不仅能够做好自己的本职工作，而且还能从中学到自己想要的东西。

奥巴马在一次演讲中提到：每个人都应该用心做事，只有你用心了，才能把事情做好。你不用心，便做不成它。因此他对女儿们说：世界上没有做不成的事，只有做不成事的人。如果你还未跨入优秀的行列，说明你还没有尽职尽责地做事，没有全身心地投入到事情中。

一位大老板因公到泰国出差，他入住了世界一流的东方饭店。这并不是他第一次入住，几乎每次到泰国出差他都要在这家饭店下榻，因为该饭店不论是外部环境还是服务态度，甚至每个细节都让他非常满意。

一天早上，大老板走出房门准备去楼下用餐。当他走到电梯旁时，楼层服务小姐走上前，说："先生，您要下楼用餐吗？"大老板点点头。他很惊讶楼层小姐怎么会认识自己，但又一想，大概是因为自己常常在媒体报道中出现比较好认吧。想到这儿疑问也就打消了，他便快步走进了餐厅。

"先生，您早，里面请！"餐厅服务小姐在门口迎接着。怎么也认识我？大老板不禁愣在那儿。餐厅服务小姐看出了他的错愕，马上询问："先生，有什么需要帮您的吗？"

"你们认识我吗？"大老板问。

"是的，我们这儿有规定，客人入住时，一定要认清每一位客人。"小姐微笑着回答。

"哦！"大老板不由得在心中赞叹。他继续问："那你怎么会在电梯口迎接我呢？"

服务小姐微笑着解释说："上面打来电话，说您要下楼用餐了。"

大老板十分惊讶东方饭店办事的高效率和体贴入微的服务。

当服务小姐把大老板引到餐厅后，问："先生是要老位子，还是换个新位子呢？"

"老位子？"大老板奇怪地问，"难道我去年用餐的位子你们还记得吗？"

"是的，我已经查过您的记录，在去年6月8日的时候，您在靠近第二个窗口的位子用过早餐。"服务小姐准确地说出了位子。大老板心里激动万分，赶紧说道："那就老位子吧！"其实连他自己都不记得去年用早餐的位子了。

服务人员很快把早餐端了上来，一份看上去很特别的点心摆在了桌子上。大老板好奇地问："中间那个红色的是什么？"

服务小姐看了一眼，然后身子自动向后退了一步给他解释。

"旁边黑色的是什么做成的？"大老板又问。

服务小姐向前看了一眼，又后退一步解释。

大老板心中对东方饭店的服务佩服至极，服务小姐为了防止说话时口水溅到食物中，后退给客人解释，连这种小细节东方饭店都注意到了呀！

东方饭店给大老板留下了深刻的印象，只是一次短暂的泰国之旅就这样令人难忘。五年后的一天，大老板突然收到一张贺卡，里面还有一封简短的信："亲爱的先生，您已经五年没有光顾东方饭店了，我们全体人员非常想念您，希望您再次光临。今天是您的生日，祝您生日愉快。"这时，大老板才想起，原来今天是他的生日，他十分激动地对身边的助理说："如果我去泰国，一定还给我订东方饭店。"

"勿以善小而不为，勿以恶小而为之。"用心做事，不论自己手头上掌握的资源多还是少，都要自重、自警、自省、自励，以健康的心态、基本的人格，处理好个人的得失，踏踏实实地做事业。

事情有大有小，能力有强有弱，做事的结果也会有好有差，但只要一心一意、踏踏实实做事，就一定能把正在做的事情做好，做出成效。成与败，关键在于怎样做事。认真做好每一件小事情，才能做好每一件大事，事业才能真正取得成功。

4.所有努力都会开花

在这个世界上确实有这样一些人，他们拥有过人的天资，不需要比别人付出更多的汗水和努力就能取得成功。他们花一个小时就能想出来的事情，别人可能要花一天的时间。这样的人被称为天才，他们能够比别人更容易取得成功和荣耀，让人羡慕不已。

然而，成功并不只属于天才。有很多所谓的天才因为过于相信自己的先天条件而放弃后天的努力，最终却走向失败。而很多人尽管不是天才，没有过人的天赋，却通过后天的勤奋和努力赢得了更多的认可。爱迪生小时候并不聪明，通过自身的奋斗，取得了举世瞩目的成就，竟然也被人称为"天才"，因此才有了这句话："天才是百分之九十九的汗水加上百分之一的灵感。"

在奥巴马的成长道路上，几乎没有人称他为"天才"，也很少有人夸他聪明，但他的勤奋和努力是所有人都有目共睹的。

奥巴马知道，自己作为一个黑人，要在以白人为主流的社会上实现自己的梦想，除了要用尽自己的聪明才智之外，更要付出加倍的勤奋，让人们看到他真诚、踏实的一面，得到大家的信任和拥戴。

2011年4月，奥巴马就在自己的网站上发布了正式竞选公告："2012年的竞选正式开始啦。我们将设立办公室，开始与像你一样的支持者对话，你们帮助我们铺垫了通向胜利的道路。2012年从现在开始，这就是你加入其中的地方。"

显然，在竞选问题上，他比两位前任总统都更为勤奋。克林顿的连任竞选开始于1995年4月14日，布什总统的连任竞选则于5月16日开始。从筹款和组建竞选团队等方面来看，奥巴马非常重视连任竞选。其实，奥巴马更早的时候在筹款和组建团队方面就已经开始行动了。

3月17日，在民主党全国财政委员会和顾问委员会的会议上，奥巴马的竞选团队给出席会议的四百多名筹款者下达了一项任务：每人至少为2012年的竞选筹集35万美元的竞选费用，而且，这只是2011年的任务。这意味着他们需要更加努力才能完成这项任务。因为在2008年的竞选中，这些成员的筹款任务是每人25万美元。

在筹款方面，奥巴马的团队非常积极活跃，所以在2012年8月底的时候，他们就已经筹到了6.55亿美元，而他的对手罗姆尼和共和党在8月底共筹集了约5.36亿美元。在筹款上，他们就已经赢了。

古往今来，很多成功的人都不是所谓的"神童"。他们往往都是一些看似天资不好，也没有什么天赋的人。虽然没有人会相信他们能成就此后伟大的事业，但是，他们通过加倍的努力和不懈的坚持，让所有人都对他们刮目相看，他们为我们树立榜样，用自己的行动和成果告诉我们，只要肯努力，你就是下一个成功者！

而那些从小看似聪明伶俐，能成大器的人，往往在人们的赞美中被冲昏了头脑，认为自己天资过人，无须努力，最终一事无成，埋没了自己的天赋。

努力、勤奋、持之以恒可以让普通的人变成天才，反之，堕落、懒惰、半途而废也可以让天赋异禀之人沦为庸才。

大诗人杜甫与李白齐名，但是，小时候的杜甫与同龄小孩相比，资质并不高，甚至还稍显逊色于他人。

杜甫的爷爷杜审言曾经中过进士，是一位博学多才之人。由于杜甫的爸爸资质不高，无法继承杜审言"诗书传家"的事业，杜审言便将厚望寄托在了杜甫身上。

但是，事与愿违，杜甫继承了其父不高的天资和不太灵光的脑子。五岁的杜甫甚至连一首短诗都不能背诵出来，而与他年龄相仿的许多小孩都能背诵十首以上的短诗。尽管爷爷日日伴读，但杜甫的进步还是微乎其微。终于有一天，爷爷的耐心到达了极致，他很生气地斥责杜甫天资愚笨，没有继承他的半点才学。

受到训斥的杜甫心里难过至极，但他并没有因此怀疑自己的能力，他决定用苦读的方式来提高自己的阅读和背诵能力。此后，每天天刚蒙蒙亮，在杜甫的家中小院里总会看见一个正在背诵诗歌的小孩的身影，他就是杜甫。

刚开始自学的杜甫感到十分吃力，一首短诗阅读多遍都无法理解其中的含义，他便选择死记硬背。他觉着背得多了，理解能力应该会有所提升。果不其然，当杜甫将整个身心都投入到阅读和背诵诗歌后，他发现自己对诗歌的领悟能力和记忆能力都有了很大的提升。不久之后，他在一天内就能理解并且记住五首诗。这让全家人都惊诧不已，开始感慨这孩子超强的理解能力和记忆力。如此奋发图强一年之后，杜甫便能把三百多首诗背得滚瓜烂熟，并且还常常将一些喜爱的诗歌默写下来以增强记忆。

十二岁时杜甫理所应当地成了家乡远近闻名的神童。杜甫的"神童"的荣誉，并不是与生俱来的，而是通过努力得到的。天才，是一分的天赋加上九十九分的努力。

从来就没有无须勤奋努力便能成功的天才。大凡学有成者，无一不是勤奋刻苦的知识追求者。

才华固然重要，但对于同一个问题，当与人交锋时，最后的胜利必然属于更加勤奋的那一个人。

很多人做事强调灵感和才智，其实不然，很多时候，我们没有捕捉到"灵光乍现"的瞬间，只是因为没有坚持思考。灵感出于勤奋，只要我们向着那个方向不懈地努力，往往都能够取得惊人的突破。

当奥巴马竞选总统成功之后，他说得最多的不是鼓吹天才的言辞，而是如何踏实工作、如何努力……他说：无论你来自哪里，长相如何，只要你努力工作，履行义务，你就能获得成功！我们可以羡慕天才，却不可以因为自己不是天才而放弃努力，通过我们自身的智慧和汗水，也同样可以取得成功。

体操是程菲的梦。小程菲4岁那年便开始了训练，每天早上，星星还在漆黑的天上闪烁的时候，程菲就起床了，爸爸陪着她跑步两个多小时到体操馆训练，风雨无阻。

懂事的程菲知道自己的家庭条件并不好，自己能够获得专业训练的机会是非常难的，因此她在训练时更加刻苦。父母看着程菲常因训练而摔得浑身乌青，便十分心疼，但是他们能给程菲的最高奖励只能是花1元钱买3串程菲最爱吃的糯米团子。

为了在家里也能训练，父亲在程菲的要求下，在家中的屋梁吊上了杠子，两根是双杠，一根就是单杠。而练习用的"平衡木"则是爸爸用粉笔在地上画的两条线，小程菲却如同是在真正的器械上一样，练得非常认真。

为了纠正天生的"八字脚"，程菲把自己的脚用绷带缠上，走路、跑步的时候踮起脚，袜子常常粘在磨出血的脚上。妈妈心疼得一边掉泪，一边用酒精把女儿的袜子浸湿后一点点脱下来。有时程菲会疼得哇哇大哭，但她坚持训练的决心却丝毫没有动摇。

天资并不出众的程菲，在被选送到国家队时差点吃了闭门羹。进入国家队后，程菲在众多运动员中毫不起眼，有一次她甚至被教练忘在了体操馆里。

但程菲格外能吃苦，很多人都不太愿意练的跳马，程菲却练得很刻苦，她在完成教练的要求后，还加大了自己的训练量。

其他队员都回去之后，程菲仍在空旷的训练大厅里无数次重复着助跑、起跳、空翻、落地等动作。原本十分平凡的程菲用她的勤奋打动了著名教练陆善真，仅一年时间，程菲就在教练的指点下频频夺冠，继而引起了世界体坛的关注。

程菲经常说："给我机会，我就要把握住！"教练陆善真称赞她说："程菲练这些动作不知经历了多少痛苦的折磨和打击，可她从不抱怨。"在墨尔本世锦赛上，程菲的惊世一跳被国际体联命名为"程菲跳"。"程菲跳"是第一个以中国女运动员的名字命名的跳马动作。原本平凡的程菲，用自己的勤奋和努力实现了她并不平凡的梦想。

只要我们努力奋斗，都可以取得成功。成功是多方因素促成的，不同领域的成功需要不同的构成因素。在科学上，固然需要聪明的头脑，然而更需要的是知识的积累，就如牛顿所说"站在巨人的肩膀上"。在政治上，最需要的可能是人脉和人品；在文学上，最需要的可能是对于生活的积累和感触……总之，要想获得成功，你不必非要是个天才。

永远不要为自己没有一个天才的头脑而感到不公，越是觉得自己不聪明，觉得自己没有天分的时候，越是应该勤奋努力。只要功夫做到，成功就会如约而至。就好像水烧到了100摄氏度就必然会沸腾一样，我们不是天才，但可以细火慢烧，水迟早会烧开。

5.理想很酷，但罗马也不是一天建成的

一个人要想成就自己的事业，必须按照这样一个原则去做：成事之法加上敬业精神加上脚踏实地。很显然，一个缺乏脚踏实地的人，只会以懒散粗心的态度去应付工作，以"东一榔头西一棒子"的方法随心所欲的做事，这样做的结果就是成事不足，败事有余。但是假如你以正确的"心机"去面对工作，任劳任怨，脚踏实地，就能心想事成。

其实，空想是没有多大价值的，世界上绝对没有不劳而获的事情，成功无一不是按部就班、脚踏实地努力的结果。

我们从来都不曾否认一个事实，也不应该去否认这样一个事实：成功只属于那些最勤奋的人，梦想也是只属于那些最勤奋的人。在勤奋的人手中，梦想才能壮大，才有机会变成现实。那些成天只会做白日梦却没有动手能力的人，对他们来说，梦想只是一个傀儡，根本没有办法变成现实。这一点是无可辩驳的，从最最高贵的总统到最最普通的市民，每一个人的梦想都建立在勤奋的基础之上，每一个行业中的目标都需要靠自己的双手去奋斗、去争取。

有一年夏天，一位小伙子登门拜访年事已高的爱默生。来者自称是一个诗歌爱好者，从小时候就开始诗歌创作，但由于住处偏僻，一直没有获得名师的指点，所以千里迢迢前来寻求爱默生的指导。

这位青年诗人虽然出身贫寒，但谈吐优雅，气度不凡。两人谈得非常投机，爱默生对他非常欣赏。

临走时，青年诗人留下了几页薄薄的诗稿。

爱默生读了这几页诗稿后，认定这位乡下小伙子在文学上将会前途无量，决定凭借自己在文学界的影响大力提携他。

爱默生将那些诗稿推荐给文学刊物发表，但反响不大。他希望这位青年诗人可以继续将自己的作品寄给他。于是，老少两位诗人开始了频繁的书信来往。

青年诗人的信一写就长达几页，大谈特谈文学问题，激情洋溢，才思敏捷，表明他的确是个天才诗人。爱默生对他的才华大为赞赏，在与友人的交谈中经常提起这位青年诗人，于是这位青年诗人很快就在文坛有了一点小小的名气。

但是，这位青年诗人之后就再也没有给爱默生寄过诗稿，信却越写越长，奇思异想层出不穷，言语中开始以著名诗人自称，语气也越来越傲慢。

爱默生开始感到不安。凭着对人性的深刻洞察，他发现这位年轻人身上出现了一种危险的倾向。

通信一直在继续。爱默生的态度逐渐变得冷淡，成了一个倾听者。

很快，秋天到了。

爱默生写信邀请这位青年诗人前来参加一个文学聚会。他如期而至。

在这位老作家的书房里，两人有一番对话：

"后来为什么不给我寄稿子了？"

"我在写一部长篇史诗。"

"你的抒情诗写得很出色，为什么要中断呢？"

"要成为一个大诗人就必须写长篇史诗，小打小闹是毫无意义的。"

"你认为你以前的那些作品都是小打小闹吗？"

"是的，我是个大诗人，我必须写大作品。"

"也许你是对的。你是个很有才华的人，我希望能尽早读到你的大作品。"

"谢谢，我已经完成了一部，很快就会公之于世。"

在文学聚会上，这位被爱默生所欣赏的青年诗人大出风头。他逢人便谈他的伟大作品，表现得才华横溢。虽然谁也没有拜读过他的大作品，即便是他那几首由爱默生推荐发表的小诗也很少有人拜读过，但几乎每个人都认为这位年轻人必将成大器，否则，大作家爱默生能如此欣赏他吗？

转眼间，冬天到了。

青年诗人继续给爱默生写信，但从不提起他的大作品，而且信越写越短，语气也越来越沮丧，直到有一天，他终于在信中承认，长时间以来，他什么都没写，以前所谓的大作品根本就是子虚乌有之事，完全是他的空想。

他在信中写道："很久以来我就渴望成为一个大作家，周围所有的人都认为我是个有才华有前途的人，我自己也这么认为。我曾经写过一些诗，并有幸获得了阁下您的赞赏，我深感荣幸。

"使我深感苦恼的是，自此以后，我再也写不出任何东西了。不知为什么，每当面对稿纸时，我的脑中便一片空白。我认为自己是个大诗人，必须写出大作品。在想象中，我感觉自己和历史上的大诗人是并驾齐驱的，包括和尊贵的阁下您。

"在现实中，我对自己深感鄙弃，因为我浪费了自己的才华，再也写不出作品了。而在想象中，我是个大诗人，我已经写出了传世之作，已经登上了诗歌的王位。

"尊贵的阁下，请您原谅我这个狂妄无知的乡下小子……"

自此后，爱默生再也没有收到这位青年诗人的来信。

每个人都渴望爬得更高，走得更远，但是如果不能踏实走路，即便你看得再高再远也是徒然。尤其对年轻人而言，无论做什么事都应该认真，凡事都要脚踏实地地去做，不要太虚浮。这个世界比的不是谁的理想更加远大，而是看谁的执行力更强一些。有时候你并不需要比别人想得多、看得远，只要你所走的每一步都比别人更加认真踏实，你就有机会到达终点。我们需要明白一个道理：怎样做往往要比怎样想更加重要。所以我们需要端正自己的工作态度、生活态度，需要更加踏踏实实地走自己的路。这是我们走向成功的前提。

奥巴马对女儿说：做人就要有远大的志向和梦想，这是我们为之奋斗的目标，但仅仅有梦想是不够的，还需要脚踏实地一步一个脚印地去做，这样你才能为你的梦想保驾护航，最终走向成功。

第六章

「别再承诺，谁都讨厌一个只说不做的人」

总是做承诺，总是做不到。每次做承诺都不禁给自己增添了责任，无论你的出发点有多好，你都不可能完成你承诺的所有的事。很多时候，你的承诺都太过绝对（比如"我发誓我永远爱你"），都只能在绝对环境中才能实现。与其用语言许下承诺，不如在别人需要你的时候出现，然后用行动达到他们的期望。

1.一言之美，贵于千金

奥巴马对女儿说：一个有涵养的人任何时候都能说到做到。做到了守时守信，你才能得到别人的尊重和友谊，为成功铺好路。

一天，奥巴马夫妇晚上参加募捐活动，临行前告诉两位女儿："孩子们，明天要早起，所以，今天晚上你们要早点睡觉。"晚上回来，女儿的外婆告诉奥巴马夫妇，当晚她和两个外孙女一起看电视。到了8点，两个小家伙就离开了房间。外婆问她们："你们干什么去？"两个孩子说："爸爸妈妈让我们今天要早睡。"然后她们洗完澡，各自回房间睡觉去了。

奥巴马听后，非常感动。第二天一早，他见到两个女儿时说："孩子们，爸爸为你们感到骄傲，因为你们昨天晚上做到了守时守信，我希望你们以后任何时候都能做到这一点。"

与同龄孩子相比，在守时守信上，玛利亚和萨莎一直都做得很好。自己不能胜任的事情，切莫轻易答应别人。一旦答应了别人，必须实践自己的诺言。他告诉女儿，守时守信是一种美德，是每个人都应具备的一种素质。

康德是德国哲学家。有一次，他计划去拜访住在珀芬小镇的老朋友威廉·彼特斯。康德出发之前写信给彼特斯，说自己将于某日上午11点之前到达。

为了能准时与朋友见面，康德在约定日期的前一天就赶到了珀芬小镇，老朋友住在距离小镇12英里远的一个农场里。康德在第二天早上租了一辆马车前往彼特斯的家。从小镇前往农场的途中有一条河，细心的车夫把马车驾到河边时停了下来，他说："真是很抱歉，先生，桥坏了，我们现在不能从桥上通过，很危险。"

康德从马车上下来，发现桥的中间确实出现了断裂。虽然河面并不是很宽，但结了冰，而且水看上去也很深。

这时康德的怀表上显示的时间是10点。当他得知附近没有其他过河的桥时，变得有点焦急。这里距朋友的住处还有40分钟的路程，如果现在再回头选择其他的路途一定会迟到。

康德看到河边有一座很破旧的农舍，立即跑过去，客气地问主人："请问您这间房子要多少钱才肯出售？"

农妇大为惊讶："您为什么要买这么简陋的破房子呢？"

"不要问为什么，请问您愿意还是不愿意？"

"那就给200法郎吧！"

康德付了钱后又对农妇说："如果您能马上从破房上拆下几根长木头，20分钟内把桥修好的话，我将把房子无偿还给您。"

农妇和两个儿子马上动起手来，很快就把桥修好了。马车顺利地过了桥，康德最终在10点50分赶到了老朋友的家。

彼特斯高兴地在门口迎接他，并说："亲爱的朋友，您可真守时啊！"在与老朋友相会的日子里，康德自始至终都对在路上遇到的麻烦只字未提。

在我们的一生中，会得到许多，也会失去许多，但守信应该始终伴随我们左右。一个人如果以虚伪、不诚实的方式为人处世，也许能获得暂时的"成功"；但从长远看，他最终是个失败者。这种人就像高山上的流水，初始的时候是高高在上，但慢慢地它就越来越往下降，再也没有上升的机会。因此，奥巴马告诉自己的女儿应将守时守信作为自己的一种行为习惯或生活方式，成为一种信念，成为人格的一部分。

不管对自己，还是对家人、朋友、同学、同事甚至是陌生人，都能做到守时守信，这也是奥巴马为人处世一贯的原则。一个人如果言而无信，就会慢慢失去他人的信任，渐渐地你就会被疏远，这就意味着你离成功和快乐越来越远了。

奥巴马告诉女儿，要想有所成就，受人尊重，得到更多的友谊，守时守信不能忘。这不仅仅是要遵守和父母或者他人的约定，还包括很多方面。

首先，要守时。奥巴马告诉女儿一个守时的小秘诀，预留出足够的时间，如果一段路程需要10分钟，你至少要提前20分钟出发，多出的10分钟就是用来解决一些可能出现的"麻烦事"。

其次，要说到做到。当别人有求于你的时候，先要慎重考虑自己有没有能力和把握做到，对无法做到的就不要轻易答应。有些时候，可能会因为一些不可知的原因无法实现承诺，但是你必须诚恳地道歉。

最后，要诚实。这是奥巴马特别强调的一点。一个人内心诚实，做事才能守信。诚实的人会因为淳朴品质而受人信任。多一分诚实，别人会对你多一分尊敬，多一分信任，最终你在人生的道路上会获得意想不到的成功。

在一个弥漫着大雾的夜晚，能见度很低，劳恩开车行驶在回家的路上。想到可爱的儿子，他忍不住把车开快了一点，想早点到家。

突然，他听到"咣当"一声，便立即停下车，从车里走了下来。他发现自己车子右前方有明显的刮擦痕迹。在暗淡的路灯下，他隐约看见一辆黑色轿车停在路旁。走近仔细观察，发现那辆轿车左侧已被撞得凹进去了一大块，情况十分严重。

劳恩马上意识到，这是自己的错误，事故的责任全在自己。自己太着急了，没有看清有辆车停在这里。劳恩又看看那辆车，那是一辆名贵的跑车，而且损伤也很重，如果真要赔偿，一定会是一笔昂贵的费用，他感到很难过。这时候他向四周观察了一番，因为大雾，街上居然连一个人影都没有。

"也许我可以马上离开，"劳恩想，"反正不会有人看到。"

劳恩上了自己的车，离开了。可是走了一会儿，他感到很难受，无论如何也忘不了那辆被碰坏的汽车。终于，他勇敢地掉转车头，回到那辆车旁边。街上还是没有一个人，车主也没有出现。于是劳恩从身上掏出了纸和笔，在微弱的路灯下，把自己的姓名、家庭住址以及联系方式写在纸上，并表示道歉，请车主和他联系。然后他把纸条压在跑车的雨刷下。

第二天早上，车主给他打来电话。两人来到约定的见面地点，还没等他开口，车主就说了句令他十分吃惊的话："劳恩先生，您的诚实令我感动，所以我来并不是为了和您商量赔偿一事的，我已决定不要您赔偿我修车的费用。我之所以约您见面，只是想看看您是个什么样的人，居然能够坚守这份真诚！要知道，昨晚那样的天气，是没有人会看到那些的。"

劳恩有点不好意思地坦白了自己最初也有过偷偷溜走的想法。那人好奇地问："那后来您为什么又回来了呢？反正也没人看到。"

"但是您要知道，我的良心会看到。"劳恩老实地回答。那人听了十分感动，一定要和劳恩交个朋友。虽然如此，劳恩还是坚持要付修车的费用，但被那人坚决拒绝了。

后来，两人成了最好的朋友，并联手开了一家汽车修理公司。后来他们的生意越做越大，很受客户的欢迎。

即使这个世界上所有的人都没有看到我们在做什么，我们的良心还是能够看到。诚实不是用来表演的，它应该是生命的一部分。所以诚实不仅仅体现在面对阳光的时候，还包括在大雾弥漫的夜晚。

一如奥巴马所说的那样：每一个人都应该具有一些这样的品质——真实的品质，诚实的品质，超越言语的真实。为人处世，说话做事太真诚、太守信、太实在，有时是会吃眼前亏，甚至会受委屈，但却能让你终身受益。因为大家都相信你，愿意和你交往。被人认可和信任，是一笔巨大的财富。

2.没有诚实何来尊严

奥巴马说：当你给了别人一个承诺，那么无论如何你都要去实现它，哪怕实现非常困难，你也要不遗余力地去完成。因为只有诚信的人才配获得成功，也只有诚信的人才能够得到别人的尊重。

所谓言而有信，行必会有果，这些看起来非常简单，可是做起来却相当困难。因为在实现诺言的过程中，会有意想不到的阻力压来。很多人在兑现诺言的过程中，因为种种问题，没有完全兑现自己的诺言，最终尝到了失信的苦果。所以，对于一个守信者，人们会给他足够的尊敬。

奥巴马在竞选过程中一点点兑现自己的诺言。作为一名黑人，他非常关心美国的种族问题，为此他特意去了一趟南非。他关心美国底层人民的生活方式，因为他去过美国的贫民窟。可以说，奥巴马的每一个承诺都是建立在自己能实现的基础之上的，而不仅仅只是建立在想象之上。他这是在告诉美国人民，他可以兑现自己的诺言。

奥巴马虽然没有遇到这样的情况，但是他要坚持自己的原则，他的目标是给每一个美国公民带来幸福的生活，让美国人能够生活得更好，能更好地行使自己的权利，而不仅仅是建立在口头之上。

奥巴马反对伊拉克战争，因为他看到这场战争对美国一些负面的影响，但是这并不影响他的总统竞选，当他成功当选之后，慢慢地，一点一点地将美国士兵从伊拉克撤离，结束了长达七年多的伊拉克战争，让那些离开了家乡的战士回到了祖国。这是信誉的体现，是对自己所说的话负责任。

奥巴马告诉女儿，信守诺言是人际交往中最为重要的因素，它对赢得人心、建立相互信任至关重要，如果一个人没有良好的信誉，就只能做一个站不起来、站不直的人，成功和他的距离，可谓遥不可及。不仅如此，失信的后果也会很快显现出来——失信总会受到应有的惩罚。信守诺言是通过诚信的行为来形成的。像其他美德一样，诚信也是需要不断培养的，只有不断地实践它，才能使诚信成为你性格中自然的一种品质。

秦末，有一个叫季布的人，特别讲信义，只要是他答应过的事，无论多么困难，他都一定会想办法做到。当时社会上流传着这样一句谚语："得黄金百两，不如得季布一诺。"也就是说，得到一百两黄金，也比不上得到季布的一个承诺。可见，大家对他是多么信任和推崇。

后来，刘邦打败项羽当上了皇帝，开始搜捕项羽的部下。季布曾经是项羽的得力干将，所以刘邦下令，只要谁能将季布送到官府，就赏赐他一千两黄金。但由于季布重信义，深得人心，人们宁愿冒着被诛灭三族的危险，也要为他提供藏身之所，谁也不愿意为得到一千两黄金而出卖他。有个姓周的人秘密地将季布送到鲁地一户姓朱的人家。朱家也很欣赏季布对朋友的信义，尽力将季布保护起来。不仅如此，他还专程到洛阳去找汝阴侯夏侯婴，请他想办法救季布。夏侯婴从小就与刘邦很亲近，后来又跟随刘邦打天下，立下了汗马功劳。他也很欣赏季布的信义，于是前往刘邦处为季布说情。刘邦不但赦免了季布，不久还任命季布做了河东太守。

有些人很有信誉，他们很容易受到周围人的接纳和尊重。他们说的话也很容易让别人信服；他们如果提出什么建议，也总是很容易得到别人的赞同；他们遇到什么困难，别人会毫不犹豫地伸出援助之手，帮助他们渡过难关。

人际关系是人的社会属性的集中体现，诚信在人际交往中的关键地位正是由人的社会性本质所决定的。美国著名心理学家马斯洛认为：人是群体动物，因此人都有归属感，渴望成为群体的一员；人又是有感情、有理性的高级动物，希望和周围的人保持友谊，希望得到信任和友爱。一般说来，人际沟通是通过交往双方对自己行为的定义和对他人行为意义的理解的交互作用来进行的，每个人在互动过程中都会不断地修正自己的观点以适应需要。只有人们的解释符合当时的情境，双方的交往才能顺利进行。

如果一个人没有信誉，那么他将很难在社会上生存下去，更别谈去实现自己的理想了。每一个成功的人都非常守信，对于自己说出来的话，一定会遵守，而且会想尽办法做到，不会找理由去推托。年轻人更应该如此，如果是自己做不到的，不要作出承诺；一旦承诺了，就必须做到，哪怕为之付出再多的汗水也是值得的。很多年轻人喜欢说大话，说一些自己做不到的事，或是讲一些道听途说的事，这些都是不诚信的表现，所以，年轻人要培养自己的诚信，注意避免这些很有必要。我们要说真话，不管所说的内容是什么，都不歪曲事实，不胡乱捏造，不能因为担心自己的利益会受损失或为了占别人的便宜而讲假话。

当一个人建立起了自己的诚信关系，就会在周围人中树立威信，建立良好的口碑。所以，无论你做什么，都会得到广泛的支持，那么成功离你就不太远了。

3.一言许人，千金不易

俗话说：一诺千金。意思是，要说到做到，要守信用。不论古今中外，人们都把言出即行、说到做到视为美德。

奥巴马用巴尔扎克的话告诫女儿：如果你想成为一个有出息的人，那就把诺言视为第二宗教，遵守诺言就像保卫荣誉一样重要。

谨慎承诺，许诺以后就一定要履行承诺而不能失信于人，这关系到一个人的信用问题。一个人的诚实与信誉是他获得良好人际关系，走向成功的基础，而能否兑现承诺是一个人是否讲信用的主要标志。

奥巴马在一次演讲中说道：如果自己不能做到的，请不要夸下海口，辜负别人的信任，那样只会让别人更加厌恶你，只会让你们的感情陷入僵局，久而久之，在彼此之间就会形成一堵无形的墙，把你们阻隔开来。一旦你承诺了，就应该为这个承诺负责，做到一诺千金。只有如此，才能真正赢得别人的尊重。

奥巴马之所以能获得成功，是因为他把美国真实的现状告诉了所有的选民，他通过自己对美国的观察和了解，清楚地认识到美国所处的位置，让每一个美国人看清楚了自己的国家，让每一个美国人燃起了美国梦的共同理想。所以他能突破种族的限制，成为美国历史上的首位非洲裔总统。

但是，这些在他的竞选对手麦凯恩、希拉里等人面前就变质了，他们大肆宣扬他们的政策会使美国多么美好，宣扬一种属于美国上流人士所渴望的东西。可是美国上流人士毕竟只是少数，更多的美国人仍然过着普通的生活，所以奥巴马没像他们那样，用某些不切实际的想法蛊惑普通民众。他不想用实现不了的政策方针去获取一时的胜利而输掉整个未来。

奥巴马的观点非常清晰，他是想让民众知道他能做什么，而且只承诺自己能做到的事。他讲过一个故事，那是他在社区工作时经历的，也是他在社区工作看到的真实的美国现状。有一位父亲刚失去工作，他老泪纵横地跟奥巴马说，他正发愁怎样才能付得起他那没有医疗保险的儿子每个月4500元的救命医药费；还有一位刚刚高中毕业的姑娘，她有不错的学习成绩，想上大学深造，却因为没有钱支付学费而上不了大学。

当奥巴马说到这些的时候，就如同说的是自己，就如同是在述说自己的遭遇。奥巴马把他们最需要的、最迫切的、最渴望的东西展示出来。说到激动之处，奥巴马疾呼："我们是不是应该帮帮他们？"

当然，奥巴马是清醒的，他遇到的民众也是清醒的，无论是平民百姓还是有身份的人，都没有奢望政府解决他们的所有问题。他们深知，只有自己努力和勤奋才能有所作为，他们愿意为此付出。奥巴马清楚地知道美国当下的局势，他能深切地感受到每一个普通人面对的困境与窘迫，他更清楚自己的能力和目标，所以他的承诺也关乎每个人的切身利益，并没有像他的竞争对手那样信口开河，他只有实实在在的方法与措施。他在演讲中进一步解释了他所说的承诺就是让每个人都可以按照自己的意愿生活，彼此尊重。

奥巴马对台下的官员说，如果他们有机会去芝加哥附近的工人弟兄们中间走走，就会得知这些人的愿望：他们不希望自己的税款被福利机构或五角大楼白白地浪费掉。他们深知政府不可能包办一切，不可能解决所有问题。虽然如此，这些人还是深刻地感受到：只要政府稍微调整一下政策取向，美国的每一个孩子就都会有一个更美好的人生，幸福离他们就不会遥远。

正如奥巴马在演讲中所说："政府不能解决所有的问题，但是会去做普通人无法完成的事：保护每个人免受伤害，给每个孩子提供正规的教育，使街道的水源保持干净，孩子的玩具安全无害，投资新的学校、新的道路，以及新的科学领域和技术。政府是为人们工作的，而不是与民众作对的。"

由此可见，信守诺言、一诺千金的人向来把承诺当作一种不可推卸的责任，即使在非常艰难的情况下，他们也会排除困难，实现自己的诺言。

对他人的许诺一定要兑现。俗话说"人无信不立"，一个人答应了别人什么事情，就一定要办到。如果只是为了迎合别人的意思或是为了讨好某人，又或是在特殊情况下碍于情面才不得已答应别人的事，最终却没有做到或压根就没有帮人的意思，那么别人就会对你产生强烈的反感。"空头支票"不仅会给他人增添无谓的麻烦，也会使自己的名誉受到损害。

有一天，曾子的妻子到集市上去，她的儿子哭着喊着要跟着她。他的母亲骗他说："你回去，等一会儿我回来给你杀猪吃。"

孩子信以为真，一边欢天喜地地跑回家，一边喊着："有肉吃了，有肉吃了。"

孩子一整天都待在家里等娘亲回来，村子里的小伙伴来找他玩，他都拒绝了。他靠在墙根下一边晒太阳一边想着猪肉的味道，心里甭提多高兴了。

傍晚，孩子远远地看见娘亲回来了，他一边三步并作两步地跑上前去迎接，一边喊着："娘，娘快杀猪，快杀猪，我都快要馋死了。"

曾子的妻子说："一头猪顶咱家两三个月的口粮呢，怎么能随随便便就杀呢？"

孩子哇的一声就哭了。

　　曾子闻声而来，知道了事情的真相以后，二话没说，转身就回到屋子里。过了一会儿，他举着菜刀出来了。她急忙上前拦住丈夫，说道："家里只养了这几头猪，都是逢年过节时才杀的。你怎么拿我哄孩子的话当真呢？"

　　曾子说："在小孩面前是不能撒谎的。他们年幼无知，经常从父母那里学习知识，听取教诲。如果我们现在说一些欺骗他的话，等于在教他今后去欺骗别人。虽然做母亲的一时能哄得过孩子，但是过后他知道受了骗，就不会再相信你的话了。这样一来，你就很难再教育好自己的孩子了。"

　　曾子的妻子觉得丈夫的话很有道理，于是心悦诚服地帮助曾子杀猪去毛、别骨切肉。没过多久，曾子的妻子就为儿子做好了一顿丰盛的晚餐。

　　我们只承诺自己能做到的事，对于自己做不到的，就不要去承诺。每一个成功的人都非常重视承诺。世界上很多事都出乎我们的意料，没有人敢保证自己能把所有的事都做好，也没有人敢保证自己就是世界上独一无二的全才。如果把话说得太过，把诺言定得太高，最终你只会从你所飞翔的地方摔落下来，甚至落得粉身碎骨的下场。

　　只说自己能做的，是一种对自我能力的正视，是一种豁达，更是一种坦诚，这是一种他人所不具备的良好心态。只有正视自己的人，才能清楚地知道自己的能力，知道自己能做到什么，做不到什么。如果一味地夸耀，那最终只会什么也做不成。

4.遵守自己的诺言，养成良好的习惯

很多诺言听起来很美，可是它最终却得不到兑现，就像是缥缈的云彩，空有美丽的身影。生活中很多人由于无法兑现自己的诺言，最终失去了他人的信任。事实上，遵守诺言是人最美丽的外套，是心灵深处最圣洁的花朵。

奥巴马告诉女儿：人这一生，始终要记得，遵守自己的诺言，让心灵之花随时盛开。

他出生在香港的一个贫困家庭，从小就被家人送到戏班。那时，演戏是下九流的行当，只有走投无路的穷苦人家才有此举。

按照旧时梨园行的规矩，父亲同戏班签了生死状，在约定期限内，他的生杀大权都掌握在师傅手中。戏班里的管教异常严厉，本该在父母膝下承欢的年纪，他却在师傅的鞭子与辱骂下练功，吃尽苦头。时间不长，他就偷偷跑回了家，父亲勃然大怒，坚决叫他回去："做人应当信守承诺，已经签了合同，就不能半途而废。人虽穷，志不能短！"他只好重新回到戏班，刻苦练功，这一练就是十几年。

终于学有所成，戏曲行业却一落千丈，他空有一身本事，却毫无用武之地。当时香港电影业正处于迅速发展时期，但是男影星都是貌比潘安，威武雄壮。个子不高、大鼻子小眼睛的他，怎么在电影界混呢？

经人介绍，他进了香港邵氏片场，做了一个"臭武行"，跑龙套。他扮演的第一个角色，居然是一具"死尸"。苦点累点不算什么，可恨的是跑龙套的没有尊严，时常遭人百般刁难、冷嘲热讽。在那样的环境里，他没有怨天尤人，依然刻苦勤奋。由于学得一身好功夫，为人厚道，几年下来，他逐渐担当主角，小有名气，每月能拿到3000元的薪水。

有一天，行业内的何先生约他出去，请他出演一个新剧本的男主角。"除了应得的报酬，由此产生的10万元的违约金，我们也替你支付。"何先生说完强行塞给他一张支票，匆匆离去。

他仔细一看，支票上竟然签着100万元，好大一笔巨款！他从小受尽苦难，尝遍艰辛，不就是盼望能有今天吗？可转念一想，如果自己毁约，手头正拍到一半的电影就要流产，公司必将遭受重大损失。于情于理，他都不忍弃之而去。

一宿难眠，次日清晨，他找到何先生，送还了支票。何先生很是意外，他淡淡地说道："我也非常爱钱，但是不能因为100万元就失信于人，大丈夫应当一诺千金。"

何先生非常欣赏这位年轻人，这件事情也很快传开了。公司得知后非常感动，主动买下了何先生的新剧本，交给他自导自演。就这样，他凭借电影《笑拳怪招》，创造了当年票房纪录，大获成功。

那年他才22岁，全香港都认识了他——成龙。

在一次电视访谈中，成龙回忆起这些往事，感慨万千，深情地说道："坦率地讲，我现在得到了很多东西。但是，如果当初我背信弃义，从戏班逃走，没有这身过硬的武功，或者为了得到那100万元一走了之，我的人生肯定要改写。我只想以亲身经历告诉现在的年轻人，金钱能买到的东西总有不值钱的时候，做人就应当诚实守信，一诺千金。"

承诺很美，很容易让人陶醉，因为它是甜言蜜语的艺术品，美得让人沾沾自喜，觉得拥有了全世界，却不懂得如何自拔。守住一句承诺，也许要用一辈子的时间，而有些人花了一辈子却守不住一句承诺。违背承诺的人，是可恶的。不能遵守承诺，只会让别人和自己伤心。既然不能守住自己的承诺,又为什么如此慷慨地给出这个承诺呢?所以,我们要养成不轻易承诺的好习惯,如果是自己承诺的就一定要做到。

5.信誉是最宝贵的财富

李嘉诚曾对儿子说:一生之中,最重要的是守信。我现在就算再有多十倍的资金,也不足以应付那么多的生意。而且很多时候都是别人主动找到我的。这些都是为人守信的结果,可见信誉就在行动里。

在现在的社会里,受别人欢迎的人,必定是一个信守承诺的人。一个信守承诺的人,不会轻易许诺。如果与人有约,就会守时守约,哪怕自己吃亏受损,也会坚持言出必行。

奥巴马对女儿说:信用是人生最重要的资本。要知道,糟蹋自己的信用无异于拿自己的人格做典当。有时候信用比生命更可贵,成功者重诺言,就是因为他们知道,失信会给自己的人格、名誉带来巨大的损失。所以,孩子,不要轻易许诺,一旦许诺,就要信守你的承诺。

在奥巴马正式被民主党提名为总统候选人的那一天,他做了一个重要的演讲。他说:“下周,在明尼苏达州,带你们两届布什政府的那个党,是否会继续谋求连续第三届共和党政府不得而知。但是,作为竞选人的我来到这里,是出于对这个国家的爱,我们绝对不会再容许下一个四年还是像这个八年一样。在今天我们必须站起来大声说,八年已经够了!”

奥巴马将与共和党人麦凯恩竞选新一届美国总统,对奥巴马来说,麦凯恩是一个很有分量的对手。但是一开始奥巴马就在演讲中清晰无误地分析了麦凯恩政策的缺点与不足，并且将自己的政见与当时美国时局和自己的信心一并呈现给了民众，一举纠正了麦凯恩团队对人们的误导。奥巴马的这个举动赢得了大家的认同。

在奥巴马看来，麦凯恩有些华而不实，他只会不断地鼓吹自己的功劳，告诉人们自己在哪些方面与其他共和党人有所区别。他并不是人们印象中的传统、守旧的共和党人，在他身上有着与众不同的新鲜气息。然而事实并不是如此。

比起麦凯恩，奥巴马显得更有底气，更适合当总统。因为奥巴马要做的是把正确的有用的信息告诉他的听众，而不是为了谋求别人的支持一味地迎合对方。奥巴马觉得这样的做法简直就是一种变相的欺骗行为。如果以这样一种方式当选总统，那么美国又如何谈未来呢？他要告诉他的听众，他将会去做些什么，该怎么去做。他会有一整套的治国方案，并且立足于美国当前所处的位置，而不是空想。

所以，奥巴马一再地强调自己不会将美国的未来寄托在麦凯恩身上，因为奥巴马从麦凯恩所提出的一些政策中，完全看不到希望，后者从来都没有做过独立且正确的判断。对于麦凯恩说美国经济在现任总统的治理下有了很大的进步这一言论，奥巴马感到绝望。当下的情景麦凯恩并没有完全看透，而是处于臆想阶段。事实是，如今的美国经济在不断地衰退，而且越来越多的人感到生活窘迫，美国人的怨言也越来越多。但是麦凯恩看不到这一点，他只会借此把它称为"牢骚"，并将美国看作"牢骚之国"。

对此，奥巴马愤怒不已，如果让这样的人当选为美国总统，那么美国的希望何在？美国人民的未来何在？于是他质问道："密歇根州汽车工人被告知工厂就要关门了，但是他们仍然坚持每天上班，照常工作，那是因为他们知道还有人对这些制动器有着需求。难道他们身上也有'牢骚之国'的影子吗？还有那些军人家庭，他们看着自己的爱人一次次离家去履行义务，只能默默承受着，无论多少苦楚也只有自己一人承担，莫非他们身上也有'牢骚之国'的影子吗？"

奥巴马强烈地表达着自己的愤怒，他对着台下数以万计的听众说："他们不是牢骚大王，他们努力地工作，回报社会，坚持为美国创造价值。他们并没有抱怨，他们表达的是美国当下的现状，只有他们才是最有希望的美国人。"

当然，奥巴马并不怀疑麦凯恩忠诚的美国心，只是奥巴马觉得麦凯恩不了解美国人的真实生活状态。在过去的20年中，他一直受着共和党备受争议的陈腐哲学的侵蚀，他们的核心团队是富人阶层，在很大程度上代表着富人的利益。他们以富人为中心，想让大多数的财富涌向富有的人，所以他们有着这样的看法也是理所当然。但是，这对那些失业或者生活贫困的人来说是不公平的，是有失美国精神的。因为无论他们遭受怎样的打击，都得自己去承受，需要靠自己的双手去打拼、去奋斗、去创造自己的未来。

而民主党却有着截然相反的看法："我们民主党人对国家的进步有着不同的量度。我们衡量进步是看多少人能找到工作以偿付贷款，能否每月有节余，终有一天能看到你们的孩子接受学位证书。当约翰·麦凯恩说我们可以在阿富汗应付了事时，我坚持说需要派更多的军队、更多的资源来结束对那些直接参与'9·11'恐怖分子的斗争，并讲明一旦看到本·拉登和他的部属，一定要将他们除掉。我们是罗斯福的党，我们是肯尼迪的党，所以，民主党也不能保卫这个国家，不能保证我们的安全。"

奥巴马借助自己敏锐的观察力，将最完备、最正确、最有价值的信息传递给台下的听众，而不仅仅只是表达自己对对手的反对。他正是通过这种方法，感动了每一个美国人，他借诚信为本的表达方式，扭转了自己的不利局势，并很快使对手陷入困境。

信誉是维系你与他人关系的纽带，一个人一旦失去信誉之后，等待他的就只有失败。信誉需要长期努力才能树立，它能在关键时刻给你带来意想不到的惊喜，所以每一个成功的人都很注意培养自己的信誉，让他人明白自己是一个言出必行的人，当他遇到困难的时候，就会得到他人的帮助。作为年轻人，我们尤其应该如此，只有信誉才能让我们获得比别人更多的机会，这样成功的概率也就越大。

你相信吗？一个承诺竟然传承了百年而不变。在美国就发生了这样一件事。

在美国纽约的河边公园里，矗立着一块"南北战争阵亡战士纪念碑"，每天都会有很多人来碑前祭奠亡灵。这座陵墓高大雄伟、庄严简朴，周围有大片的草坪，占地面积也很大，一直绵延到公园的边界、陡峭的悬崖边上。美国历史上第十八届总统，在南北战争时期担任北方军统帅的格兰特将军的陵墓也坐落在此。也许很少有人注意到，在格兰特将军的陵墓后边，还有一座小孩的陵墓。从外表看，这是一座极其普通的墓，它和绝大多数美国人的陵墓一样，只有一块小小的墓碑。而就是这么一个不起眼的地方，却记载着一个关于诚信的故事。

在很早以前，这块土地还在私人手里的时候，有一天，土地主人刚满五岁的儿子在游玩中不慎从悬崖上坠落身亡。这让孩子的父亲伤心欲绝，为了纪念爱子，他在悬崖边上为儿子修建了一座小小的陵墓。

后来，迫于生计，土地主人不得不把土地转让给他人。但出于对孩子的思念和爱心，他想让陵墓一直保存下去，于是就对买下这块土地的人提出了一个特殊的要求：土地的新主人要把孩子的陵墓当作土地的一部分，要保持陵墓的完整，就算再转让别人，也不能毁坏它。新主人答应了这个要求，并把它写进了契约。

就这样，在以后一百多年的时间里，尽管这块土地几经易主，不知道辗转卖了多少次，但每个主人都履行了自己的承诺。尽管孩子的名字早已被世人忘却，但他的陵墓却被完整无损地保存了下来。

后来，这片土地被政府选中作为格兰特将军的陵园。无名孩子的墓依然被完整地保留了下来，成了格兰特将军陵墓的邻居。一个伟大的历史缔造者的墓和一个无名孩子的墓就这样毗邻而居，成为美国历史上独一无二的奇观。

1997年，时任纽约市市长的朱利安尼为了缅怀格兰特将军来到了这里。此时正值格兰特将军墓建立一百周年，朱利安尼市长亲自撰写了这个故事，并把它刻在木牌上，立在无名小孩陵墓的旁边，让每一个来过这里的人都记住这个关于诚信的故事，也让这个故事世世代代流传下去。

信守承诺是一个人的立世之本。失掉信用的人，在这个世界上已经死了。诚信就是力量，就是财富，很多人一时失败了但最后仍能成功，靠的就是"诚信"二字；也有很多人一时成功，但最终却失败了，败的也是"诚信"二字。

遵守诺言就像保卫你的荣誉一样。所以我们从小就要明白"一诺千金"的意义，不轻易许诺，而一旦答应别人，就一定要兑现。

无论岁月怎样流失，诚信的价值都是永恒的。诚信的品质可以为你赢得朋友、赢得支持、赢得荣誉、赢得东山再起的机会，让你无论面临何种境遇，都能在人生之路上稳步前行。

6.真诚是一种心灵的开放

　　一个人只有真诚，才值得别人信赖，值得别人把更重要的事交托给你，如果你失去了一颗真诚的心，又如何让别人完全信任你呢？真诚是待人处事的态度，是把自己最善良的一面展现给他人，同时也是获得他人帮助，走向成功的因素之一。

　　富兰克林曾经说过："一个人种下什么，就会收获什么，我们如果真诚待人，别人也会真诚地对待我们。"因此，奥巴马强调：真诚是做人的起点，也是做人的归宿。

　　对奥巴马来说，一颗真诚的心尤为重要。真诚是奥巴马向美国人展示自己的唯一途径，事实正是如此，奥巴马用一颗真诚的心对待身边的每一个人，无论他做什么事，在什么地方，总是给人一种亲切，值得信任的感觉。

　　这种真诚，奥巴马在社区工作的时候就已经表现出来了。那时，奥巴马通过对黑人社区一段时间的观察发现：父母们最担心的是孩子的安全问题。通过严密调查，奥巴马认为，如果能请到这个社区的分管警长讨论有关社区安全的话题，就会有很多居民愿意参加，这样一来社区的交流就能够得到有效地促进。

　　于是，奥巴马马上联系了相关人员，打算举行一场讨论会。由于该地区宗教领袖的反对，奥巴马的计划几乎全乱了套，并没有得到有效执行，所以活动最后的结果也很差强人意。但经过这件事情之后，奥巴马获得了很大的收获，他第一次认识到黑人社区工作的复杂性和困难程度。他从中学习到,这项工作并不是仅凭一腔热情就能做好的,而是需要精细地筹划和小心地运作才行。

以前他只是听说黑人教堂在黑人社区中有"心脏"般的地位,这次活动让他切身感受到了黑人社区中宗教领袖的巨大号召力。事实上,任何黑人社区活动,如果没有得到黑人教堂的支持,就不大可能取得实质性的效果。

同时,他从中找到了自己的定位。对于奥巴马来说,他所能做的,是找准那些可以迅速起效,并且成本可控的"施力点",由其牵头来推动事情的完成,而不是像之前那样"单打独斗"。所以,这时要将政府的力量放在"主力"位置,怎样跟政府进行有效的协调,成了奥巴马思考的重点。

在奥巴马看来,他除了向政府表现出他的真诚外,还需要让社区里的黑人感觉到自己的真诚,让他们觉得自己是来帮助他们的,而不是来压榨他们的。要让他们感受到真诚,奥巴马必须要做点什么,让他们从中得到益处才行。于是奥巴马开始了对该社区失业率的控制。为了让更多的人摆脱就业难的困境,奥巴马决定借助政府提供的再就业培训项目。他以此为切入点,说服就业与再就业指导处在阿特格开设培训点。为了让这项申请得到成功,奥巴马联合黑人教堂组织了一场百人居民大会,并邀请政府官员参加。在大会上,群众表现积极,最终取得了不错的效果。对于奥巴马来说,这是一次巨大的成功!

奥巴马正是凭着一颗真诚的心,成功做好了黑人社区的工作。这件事也让奥巴马学习到,只要保持一颗真诚的心,做什么事都会得到相应的支持。在以后的政治生涯当中,奥巴马正是借助真诚,才得到了美国人民的接纳和支持。这里不论是黑人,还是白人,不论是生活在底层的人,还是生活在上流社会的人,他们都感受到了奥巴马的一颗真诚无比的赤子之心。

如果没有一颗真诚的心,是很难获得成功的。只有保持真诚善良的心，才能得到别人的信任和无私的帮助。

要做一个真心实意的人，就不要自欺。喜欢诈术的人，虽然能一时欺瞒别人，也能获得一些利益。但是，久而久之，就会失去别人对自己的信赖，最终不但无法获利，反而损失更大。所以真心待人，人必真心以报之；欺诈待人，人必以欺诈治其身。这是人际关系中的一条准则。真诚是一个人为人处世的必备品德，同时也是一个人获得成功的资本。一个人只有真诚待人，生活才会给予他回报。

东汉时期，有两个人，一个叫阎敞，一个叫第五常。两个人来往密切，交情深厚。阎敞人品端正，言而有信，深得第五常的敬重。

一天，第五常来到阎敞家中，说："阎兄，小弟奉命调京城供职，限日到京，行程匆忙，无奈路途遥远，携带钱物很不方便，我想将这130万贯钱先寄放在兄长这里，以后再来取。您看行不行？"

阎敞答应道："这有什么不可以的，贤弟就放心赴任吧，我一定妥善保管你的银钱，你什么时候来取都行。"于是，第五常就把130万贯钱送到了阎敞家中，阎敞当面把钱封存好。

第五常起程赴京那天，阎敞送了一程又一程。第五常再三劝说留步，两人才依依惜别。临别时，第五常还说："那笔钱阎兄如果需要用，尽管用就是了。"

第五常到京后不久，京城就暴发了一场瘟疫。第五常一家不幸染上此症，只留下了他的一个小孙子，其余的人都没能幸免。第五常临终前拉着小孙子的手，断断续续地说："我有……30……万贯钱，寄放在……家乡你阎敞爷爷家中，你可以取来维持生计……"

孙子记住了他的话：爷爷在家乡的阎敞家中寄放了30万贯钱。但他当时年龄太小，回家的路途又太远，一时半会儿没有办法取回这笔钱，所以他只能靠他在京的亲戚朋友周济度日。

十几年过去了，第五常的小孙子长大了，这才返回故里。为了安置家业，他想去找阎敞爷爷取回当年爷爷存放在那里的钱，但心里总觉得不踏实，毕竟口说无凭，他手里没有任何证据，要是人家不承认，自己是一点办法也没有。

就这样踌躇着，最终第五常的孙子还是决定试一下。于是他去拜见了阎敞，并自报家门，阎敞热情地接待了他。第五常的孙子说起他们家赴京之后的遭遇，阎敞听后百感交集。第五常的孙子还没有开口问钱的事，阎敞就说："你的生计暂时不用发愁，你爷爷有130万贯钱寄放在我这里，你现在可以拿去用。"

第五常的孙子听了这话，着实吃了一惊——爷爷说的明明是30万贯，不是130万贯呀！于是，他将爷爷临终前的话说了一遍，问道："您老人家是不是搞错了？没有那么多，只有30万贯。"

阎敞坦然地说道："没有错，没有错！孩子，我估计是你爷爷在重病之际，头脑不清醒记错了。"说完，赶忙到储藏室将第五常当年寄放的130万贯钱搬了出来，亲手交给了第五常的孙子。

第五常的孙子接过钱并道了谢，含泪告辞。

许多事实证明，成功往往与真诚结伴而行。真诚是一个人最基本的人格要素，也是做人最基本的道德要求。真诚是成功的基石，也是一个人走向成功的目标。所以，我们不能丢失掉一颗真诚的心，要让自己的心变得更加透明，不能像污水那样浑浊，要让每一个和你打交道的人都感受到你的善良和责任感，只有如此，他们才会觉得你是个值得信赖、值得交往的朋友。

第七章

『别那么自私，没有谁的人生不需要分享』

如果你只考虑你自己，那么很快你会发现身边只剩下你自己。用一分钟停下来想想你的行为会给别人带来什么影响——你是不是从休息室拿了最后一杯咖啡再倒满了呀！不要喝光所有的咖啡，这是一个完全由大家分享的世界，你所做的每件事都会影响到别人。

1. "予" 人方便就是 "予" 己方便

人的一生，无论是顺境还是逆境，都要保持一颗谦卑的心，要时刻记得站在对方的角度去思考问题。恋人者，人必从恋之；害人者，人必从害之。这就说明，如果我们曾帮助过他人，当我们需要帮助时，对方也会尽最大努力来帮助我们。

众生皆平等，积善即是福。如果你不去帮助别人，当你需要别人帮助的时候，别人自然就会袖手旁观。己所之欲，且施于人，我们都希望能够得到身边人的关心和帮助，但是我们为什么又不努力去做呢？

一个叫杰克的人整天冥思苦想："为什么会有天堂和地狱的区别呢？为什么好心人上天堂，心肠不好的人下地狱呢？"他百思不得其解，于是便去找神，希望神能够帮他解除心中的疑惑。

神说："好吧，我现在就让你见识见识天堂和地狱的区别。"

神带着杰克先来到了天堂，这里鸟语花香，气候宜人，灵魂们个个脸色红润，身体健康，如仙人一般。

"看他们的生活真是舒服，他们平时都吃什么食物呢？"杰克好奇地问。

神说："食物并没有什么特别之处，不同的是他们互相帮助，因此丰衣足食、皆大欢喜。你看！"

顺着神指的方向看去，杰克见一群灵魂正在一个巨大的锅旁吃着饭，他们的手上拿着一把长达三尺的木勺，并把盛上食物的勺子送到对面人的口中，吃饱之后，他们载歌载舞，非常高兴。

后来，神又带杰克来到了地狱。刚到地狱，杰克就感觉到浑身冷得瑟瑟发抖，地府中寒气逼人，而且都是骨瘦如柴、饱受饥饿的灵魂。

"为什么他们都这么瘦呢，好像一副没吃饱的样子。"杰克有些害怕地问。

"你看那边！"

此时，那些灵魂都围在一个巨大的锅旁，他们手上同样都有一把长达三尺的木勺。他们争先恐后地抢着吃。但由于被长勺所约束，很难将食物送进口，吃到嘴里的远没有掉到地上的多，看上去悲惨极了。

这时候，神说："天堂和地狱的待遇是一样的，只不过天堂的人懂得互相帮助，所以他们有很多的朋友，所以他们很快乐。而地狱的人却不想帮助别人，最终他们什么也吃不到，所以他们才会过得如此悲惨。"

顿时，杰克明白了天堂和地狱的区别所在。

想要快乐地活着，就要把自己的快乐分享给大家；想要悲伤地活着，就把悲伤留给自己。天堂的人之所以快乐，是因为他们懂得互相帮助，他们"予"人方便的同时也在"予"己方便，所以他们才会快乐地生活着。而地狱的人不肯帮助别人，也得不到别人的帮助，只能孤独悲惨地生活着。

奥巴马夫妇一直教育女儿，心中要有他人。在父母的教导下，孩子愿意帮助穷人，并选择了以尊重他人、社区服务为教学理念的希德威尔友谊学校就读。

奥巴马告诉女儿，整个世界不会以你个人为中心，每个人一定要为他人着想。因为，每一个人都不可能独自完成所有的事，这就需要他人的帮助，需要集体的力量。奥巴马说："我们每个人得到的救助依赖于集体得到的救助。只有当你的小车装载了更多的东西时，你才会挖掘出自己的最大潜力，走向成熟。"

人与人之间的交往，总是倾向于利益。如果自己的付出得不到与之相应的回报，有些人就会觉得不舒服，就会觉得自己的付出是徒劳的。但是我们的付出收获了身边人的微笑，收获了身边人的敬意……这些是再多的金钱也换不来的，难道这还不够吗？

正如富兰克林所说："要想让别人对你好，你必须得对别人好。其实你在对别人好的同时，就是在对自己好；当你为别人着想的同时，也在为自己着想；当你在救助别人的同时，也在救助自己。"

将心比心，我们就会发现，与人方便，就是与己方便。不计得失地去帮助别人，在我们危难的时候，才会依靠身边人的帮助成功脱险。

有一个又黑又窄的小巷子，在那里连个路灯都没有，每到晚上，巷子里就变得漆黑一片，人们进出非常不方便。

可奇怪的是，每当夜幕降临的时候，总是有一个人打着灯笼，穿梭于这条巷子之中，让巷子里一下子变得明亮了许多。

一天，夜幕再次降临，巷子里的居民坐在门口谈笑风生。在远处闪烁着一丝亮光。当巷子里的居民看到远处的亮光时，大家都高兴地说："大家看，那个盲人又来给我们点灯照路了，这下我们可不用害怕出去会撞到墙了。"

正在这时，一个云游的和尚恰巧经过这个巷子，他觉得这个盲人真是与众不同，明明自己看不到，却给别人照亮前方的路。于是，他走上前去和那个盲人聊起来。和尚问："施主，请恕小僧冒昧地问一句，既然你什么都看不到，为什么还要提着灯笼出行呢？"

盲人说："为了保护我自己啊。我听说人们一到晚上就像我一样什么都看不见了。我点盏灯，他们看见了光，也就看见了我，也会躲开我，自然就不会撞到我身上了。"

虽然盲人什么都看不到，即使点了灯，他也看不到光明，但是他点起灯笼，为大家的出行带来方便的同时，也防止别人撞伤了自己。

在现实生活中，我们总是从自我出发，以自己为圆点，以利益为半径画圆，总是为自己着想，却没有想过别人。如果换一种思维，就会发现我们在替别人着想的同时，也在为自己打算。凡事给别人留后路就是给自己留后路；给别人留条生路，自己才能有康庄大道可行。

给予并没有让我们损失什么，相反，它让我们赢得更多的尊重和爱戴。当我们需要的时候，别人会伸出援手帮助我们。有些时候，我们帮助了别人，就等于在帮助自己。我们给别人留了一扇窗，同时也给自己敞开了一扇门；我们给了别人一缕阳光，同时也让自己获得了一个太阳。

克莱一直住在某个小镇上，他是一个贫穷的纺织工人。这天就要下班了，老板突然告诉他："我很抱歉这样说，厂子要裁员了。我想，等你织完了手头的这一匹布，明天就没有多少活要干了。"

下班后，克莱难过地走在街上，漫无目的地转悠着，他不知道自己明天应该干什么。他看到街上有几个孩子正在用棍子拨弄一只死麻雀。可怜的鸟儿是怎么死的呢？等孩子们散了以后，克莱走了过去，他发现死鸟的喉咙里好像有什么东西鼓鼓的。他用随身携带的小刀在死鸟的喉咙里一搅。天呐！居然拖出了一个漂亮的金戒指！

这个戒指足够家里半年的消费了，但是克莱想到了丢戒指的人，心想对方一定在很着急地找这枚戒指。于是，他把金戒指攥在手里，一路小跑到镇上的珠宝店，问老板："您知道这个金戒指是谁的吗？"

珠宝店老板拿起金戒指端详了一番，非常肯定地说道："我当然知道，这是曼妮太太的。这枚金戒指是她上周从我店里买走的，当时她还特意要求我在戒指后面刻了一个M的字母，你瞧！"

"曼妮太太不就是老板的妻子吗？"克莱马上跑到老板家，当面把金戒指归还给了曼妮太太。为了表示谢意，老板让克莱重新回来工作，还让他担任纺织厂的总管。克莱再也不用为生计发愁了。

一分耕耘一分收获，设身处地地为他人着想，为他人提供帮助，那么，他人也会在关键时刻为你着想。一个人的慷慨大方不是与生俱来的，而是一种境界的提升，是灵魂的升华。

为别人打开方便之门，就是为自己打开方便之门。当你付出时，你也在收获。也许要等待一段时间，但是随着时间的推移，你的付出将会产生影响，将会改变身边人对你的态度。正因为这样，你才能在自己的人生道路上越走越宽广。

就像有句古谚说的：赠人玫瑰之手，经久犹有余香。也就是说，我们平常做的一件很平凡很微小的事情，哪怕是赠人一枝玫瑰那么微不足道的事，它带来的温馨都会在赠花人和受花人的心底慢慢升腾、弥漫。那种香味也会留在赠花人的手中，久久不会退去。

生命因为有了爱，而变得更加富有；生命因为付出了爱，而变得更有价值；鲜花也因为我们的赠予，而变得更为芬芳。

2.助人的同时，也成全了自己

玛利亚和萨莎经常与父母一起去帮助别人，特别是那些穷困者。奥巴马告诉女儿：任何人都有困难的时候，都有需要别人帮助的时候，要学会主动帮助别人，因为即使你再有能力、再强大，单靠自己的力量你也很难成功。

今日的世界是一个需要大家相互依赖的世界。无论在哪一个领域，你都无法独自一个人到达成功的巅峰。俗话说得好："就算浑身是铁，又能打几颗钉。"毕竟一个人的能力是有限的。

1988年的一天, 在美国的迈阿密机场, 玛莉·安德森正要搭飞机去挪威跟丈夫会合。可是在托运行李时, 机场工作人员告诉安德森, 她的行李超重, 需要再支付103美元的超重费。但是, 安德森身上没带那么多的钱, 而且她的丈夫还比她早到挪威, 她求助无门。安德森试图把一些不重要的行李丢掉, 但所有行李对于新婚的他们来说都显得很重要, 丢掉后可能就再也找不回来了。

正在安德森手足无措急得快哭了时, 她身后传来一个温和的声音: "没关系, 我来帮她付。"安德森以为遇上了熟人, 但转身一看, 身后是一名高大的陌生男子, 他穿着得体、褐色皮鞋、棉质衬衫、开领毛衣、卡其色长裤。安德森连声道谢, 并说算是借的钱, 到了挪威就还他。安德森记下了这名男子的姓名和地址, 然后过了安检, 这名男子跟她挥手道了别。

这名男子就是奥巴马, 他当时才开始在哈佛大学念法律, 课余当社工。而安德森一到挪威, 就把钱寄还给了奥巴马。此后, 奥巴马也回过安德森的信, 表示很高兴能帮到她的忙, 并祝她在挪威生活愉快。多年后, 奥巴马宣布竞选总统, 安德森很高兴, 不仅投了他一票, 而且还捐赠了100美元的竞选资金。安德森父母也写过信给奥巴马, 感谢他当年帮助他们的女儿, 也表示会投他一票。

奥巴马帮助了一位素昧平生的人, 种下了收获的种子。这种帮助别人的理念打动和赢得了民心。美国很多公民不仅把选票投给了他, 而且为他捐助了大量的竞选资金, 让奥巴马顺利获得了成功。

天有不测风云, 人有旦夕祸福。人活在世上, 总有需要别人帮忙的时候。也许你的地位很高, 也许你的成就很大, 可是, 在这个世界上, 就算你再有资本, 也总会有需要别人帮助的那一天, 因为罗马不可能靠一个人的力量建立起来。

奥巴马用自己的行动告诉女儿们: 应即时伸出热情的双手, 时时帮助和关心别人。因为我们的帮助，不仅能助人一臂之力，而且还能给对方带来力量和信心，使他们有更大的勇气去战胜困难。帮助别人本身就是一件非常快乐的事。

一天傍晚，他驾车回家。在这个中西部的小社区里，要找一份工作是如此的艰难，但他一直没有放弃。

冬天迫近，寒冷终于撞击了家门，一路上也是冷冷清清的。除非离开这里，一般人们是不会走这条路的。他的朋友们大多已经远走他乡，他们要养家糊口，要实现自己的梦想。然而，他留下来了。这儿毕竟是他父母埋葬的地方，他生于这，长于这，熟悉这儿的一草一木。

天开始黑下来，还飘起了小雪，他得抓紧赶路。

他差点错过那个车在路边搁浅的老太太，他看得出老太太需要帮助。于是，他将车开到老太太的奔驰车前，停下来。

虽然他面带微笑，但她还是有些担心。一个多小时了，也没有人停下来帮她。他会伤害她吗？他看上去穷困潦倒、饥肠辘辘，不是那么让人放心。他看出老太太有些害怕，站在寒风中一动不动。"我是来帮助您的，老妈妈。你为什么不到车里暖和暖和呢？顺便告诉你，我叫乔。"他说。

她遇到的麻烦不过是车胎瘪了，乔爬到车下面，找了个地方安上千斤顶，又趴下去一两次。结果，他弄得浑身脏兮兮的，还伤了手。当他拧紧最后一个螺母时，她摇下车窗，开始和他聊天。她说，她从圣路易斯来，只是路过这儿，对他的帮助感激不尽。乔只是笑了笑，帮她关上后备箱。

她问该付他多少钱，随便多少她都愿意。乔并没有想到钱，这对他来说只是帮助需要帮助的人。他说，如果她真想答谢他，就请她下次遇到需要帮助的人时，也给予帮助，并且"想起我"。

他看着老太太发动汽车上了路。天气寒冷且令人抑郁，但他在回家的路上却很高兴，开着车消失在暮色中。

沿着这条路行了几英里，老太太看到了一家小咖啡馆。她想进去吃点东西，驱驱寒气，再继续赶路回家。

侍者走过来，递给她一条干净的毛巾，以便用来擦干湿漉漉的头发。侍者面带甜甜的微笑，是那种虽然站了一天却也抹不去的微笑。老太太注意到女侍者已有近8个月的身孕，但她的服务态度却没有因为过度的劳累和疼痛而有所改变。

老太太吃完饭，拿出100美元付账，女侍者拿着这100美元去找零钱，而老太太却悄悄离开了。当女侍者拿着零钱回来时，正奇怪老太太去哪儿了，这时她注意到餐巾上有字。是老太太写的，女侍者眼含热泪读道："你不欠我什么，我曾经跟你一样。有人曾经帮助我，就像我现在帮助你一样。如果你真想回报我，就请不要让爱之链在你这儿中断。"

晚上，下班回到家，躺在床上，她心里还在想着那钱和老太太写的话，老太太怎么知道她和丈夫那么需要这笔钱呢？孩子下个月就要出生了，生活会很艰难，她知道她的丈夫有多么的焦急。当他躺到她旁边时，她给了他一个温柔的吻，轻声说："一切都会好的。我爱你，乔。"

其实，人与人之间的交往是一种平等互惠的关系，你帮助我，我就会帮助你。正所谓"投之以桃，报之以李"。一个人只有大方热情地帮助和关怀他人，他人才会给你以帮助。所以你要得到别人的帮助，你自己首先必须主动帮助别人。

帮助别人往往就是给自己留下生机与希望，每个人都不应该吝惜对别人的帮助。而且帮助别人的好处不在于得到回报，而在于避免发生一些不好的事情。

尽你所能去帮助那些需要帮助的人，是一件很简单的事情。不要吝于伸出你的双手，也许你一个简单的爱的动作就能让处于困境中的人看到生命的阳光，看到人间的温情。

3.乐于分享，与世界同乐

人们都说："把自己的苹果分给别人一半，虽然我们失去了半个苹果，但是却收获了友谊，收获了别人的感激；把痛苦和别人分享，就等于别人分担了一半的痛苦，自己减少了一半的痛苦；把快乐和别人分享，自己获得快乐的同时，别人也为你的快乐而快乐，那就等于我们获得了两份快乐。"

有两个同村的砍柴人相约去村西的山上砍柴，这两个砍柴人一个年长，一个少壮，都是砍柴的好手。但是相比之下，由于年龄和经验的差别，年长的砍柴人还是比少壮的这个人显得更加有能力。

两人来到山上，拿出砍刀砍柴，村西的这座山，山势不高而且树木繁茂。一开始两个人的进度相差不多，过了两个多小时，天气渐渐炎热起来，少壮的砍柴人躺在地上休息了一会，而年长的那位依然砍柴不止，并且已经从山的这边移到山的那边。眼看就要比预计的时间提前一个多小时砍完了。

这个时候，少壮的砍柴人从梦中醒来，看看天色暗了下来，自己还没有砍够第二天要用的两捆柴，于是心急起来，他不用砍柴刀，而是用手一根根地折断树枝和杂草。但是今天的天色似乎比以往暗得要早些，直到太阳落山，少壮的砍柴人也没有砍够第二天所需要的柴火。

这时年长的砍柴人喊少壮的砍柴人下山了才看到他孤零零的一捆柴，明白这个人没有好好地砍柴。年长的砍柴人一声不响地拿过自己的一捆柴火，对少壮的砍柴人说："这下够你用一天的了。后天我们再来砍。"

少壮的砍柴人说："这些柴火都是用来卖钱的，你给了我，不是少了很多收入吗？"

年长的砍柴人说："我今天少赚，明天可以多赚，但是烧火做饭却是一刻不能受影响的。我这些柴火够我用的了，而你也不会受饿，这不是两全其美的事情吗。"

年长的砍柴人其实说出了我们很多人明白但却很难做到的真理——你是一个人享用此间的美好，还是将这种美好散播到每个人的身上。正所谓独乐乐不如众乐乐。

在现实生活中，我们一定要懂得分享，只有我们与人分享，我们的人生才会有意义。如果我们的生命里没有分享，那么所有的感情之花都将会枯萎，所有的财富都会没有价值。当你拥有了梦寐以求的东西的时候，可是却没人与你分享，那么你还会快乐吗？那种孤独和寂寞是可想而知的。

有一个故事，说一位犹太教的长老，酷爱打高尔夫球。在一个安息日，他觉得手痒，很想去挥杆，但犹太教规定，信徒在安息日必须休息，什么事都不能做。

这位长老终于还是忍不住，决定偷偷去高尔夫球场，想着打九个洞就好了。

由于安息日犹太教徒都不会出门，球场上一个人也没有，因此长老觉得不会有人知道他违反了规定。

然而，当长老在打第二洞时，却被天使发现了，天使生气地到上帝面前告状，说某某长老不守教义，居然在安息日出门打高尔夫球。

上帝听了，就跟天使说，会好好惩罚这个长老。

从第三个洞开始，长老打出超完美的成绩，几乎都是一杆进洞。

长老兴奋莫名，到打第七个洞时，天使又跑去找上帝："上帝呀，你不是要惩罚长老吗？为何还不见有惩罚？"

上帝说："我已经在惩罚他了。"

直到打完第九个洞，长老都是一杆进洞。因为打得太神乎其技了，于是长老决定再打九个洞。

天使又去找上帝了："到底惩罚在哪里？"

上帝只是笑而不答。

打完十八洞，成绩比任何一位世界级的高尔夫球手都优秀，把长老乐坏了。

天使很生气地问上帝："这就是你对长老的惩罚吗？"

上帝说："正是，你想想，他有这么惊人的成绩，以及兴奋的心情，却不能跟任何人说，这不是最好的惩罚吗？"

这虽然是一个传说中的故事，但其中蕴含的道理却不得不令我们深思。的确，一个人就算取得再大的成就，如果没人与他分享，那真是莫大的悲哀。

奥巴马跟女儿们说："付出也是一种幸福，当我们给予别人我们拥有的东西和别人分享我们拥有的同时，我们也获得了一种感激和快乐，那也是一种幸福。我们总认为只有不断地拥有才是幸福，然而幸福不仅仅只有这一种，有些时候，还有另一种幸福，那就是付出。"

有一群年轻的探险家，他们想挑战沙漠。于是，他们做好非常充分的准备，带足了食物和水，走进了沙漠。

但是，沙漠的环境实在是太恶劣了，随着时间一天天地过去，食物和水也一天天地减少，渐渐地，面对恶劣的环境，有些人支撑不住了，有的饿死了，有的渴死了，最终只剩下两个人。他们两个人互相扶持，互相鼓励，在沙漠里艰难地前行着。

十多天过去了，他们仍然没有走出沙漠，但是只剩下一袋面包和一瓶水了。强烈的求生欲望让他们的本性全部暴露出来，于是他们决定吃掉这些东西来补充体力，做最后的冲刺。

可是当他们看到食物的时候就开始争夺起来，甚至大打出手，结果他们一个人抢到了面包，另一个人抢到了水，但是他们谁也不肯让谁，谁也不肯给自己的同伴分享一点。结果可想而知，抢到水的饿死了，抢到面包的渴死了。到最后，谁也没能走出沙漠，都葬身于沙漠之中，与沙漠为伴。

后来，又有一批人去那个沙漠探险，同样的情况到最后也只剩下两个人，也只剩下一袋面包和一瓶水，但是他们决定将面包一人一半，那瓶水也分着喝。最后两人都成功走出了沙漠。

这就是与人分享和不分享的区别，不和人分享的那两个人，到最后都纷纷葬身于沙漠。而与人分享的那两个人，面对最后的困难，面对有限的食物和水，他们懂得互相扶持，互相分享，最后成功战胜了困难，战胜了沙漠。不但让自己获得了生命，还让自己获得了难能可贵的友谊。

在这个世界上，每个人都需要同伴。无论在生活中遇到的是快乐还是痛苦，都需要有人分享。没有分享的人生，无论面对的是快乐还是痛苦，对一个人来说都是一种惩罚。当我们获得快乐的时候，就想和别人说，让别人和自己一起分享这份喜悦，获得别人的认同。同样，当我们遇到困难的时候，也想找个肩膀来靠一靠，为自己分担一份痛苦。没有人喜欢孤独地承担一切。

不要吝啬你所拥有的，分享并不代表失去，在生活中我们分享得越多拥有的也就越多。

4.想要收获硕果，先别吝啬种子

在交际的过程中，总会有人抱怨别人对自己不够好、别人不肯为自己付出。但是，当我们在抱怨的时候，为什么不冷静下来好好想一想，我们对别人够好吗？我们对别人又付出了多少呢？

要知道，付出和回报是成正比的，付出多少相应的就会得到多少回报。当我们希望别人怎样对待自己时，首先我们要想怎么对待别人。当我们想从别人身上得到些什么时，就必须对别人付出，然后才能得到别人的回报。

打一个形象的比喻：当我们想要收获丰硕的果实的时候，千万不要吝啬手里的种子。当你将它们播撒到地里并且精心地照顾它们时，你会发现到了收获的季节，这些种子便会硕果累累。而没有付出，又怎能尝到收获的果实的甜美呢？

一个穷苦学生为了付学费，挨家挨户地推销货品。到了晚上，他发现自己的肚子很饿，而口袋里只剩下一个硬币。然而当一位年轻貌美的女孩子打开门时，他却失去了勇气。他没敢讨饭，只要求给一杯水喝。女孩看到他饥饿的样子，于是给他端出一大杯鲜奶。

他不慌不忙地将它喝下，并且问："应付多少钱？"

而她的答复却是："你不欠我一分钱。母亲告诉我们，不要为善事要求回报。"

于是他说："那么我只有由衷地感谢了！"

当他离开时，不但觉得自己的身体强壮了不少，而且信心也增强了。

他原以为自己已经陷入绝境，准备放弃一切的。

数年后，那个年轻女孩病情危急，当地医生都已束手无策。家人最终将她送进了大都市的医院里，以便专家来检查她罕见的病情。

他们请到了郝武德·凯礼医生来诊断。当他听说，病人是某某城的人时，他的眼中充满惊讶。他立刻穿上工作服，走向医院大厅，进了她的病房。

医生一眼就认出了她。他立刻回到诊断室，并且下定决心要尽最大的努力来挽救她的性命。从那天起，他特别研究了她的病情，经过漫长的努力之后，他终于让她起死回生，战胜了病魔。

最后，计价室将出院的账单送到医生手中，请他签字。医生看了账单一眼，然后在账单边缘写了几个字，就将账单转送到了她的病房。

她不敢打开账单，因为她确定，这肯定是需要她一辈子才能还清的医药费。

但最后她还是打开看了，账单边缘上写的一些东西，特别引起了她的注意。

她看到了这么一句话："一杯鲜奶足以付清全部的医药费！"签署人：郝武德·凯礼医生。

我们要想获得朋友的支持，要想拥有一个和谐宽广的人脉，进而提升个人的竞争力，就不要一味地要求别人如何对待自己，而是要改变自己，学着给予别人真诚、信任、尊敬、利益、赞美等。

奥巴马对女儿说：人都是有感情的，每个人都懂得"人心换人心，四两换半斤"的道理，当你对别人付诸真诚和爱心时，别人才会以同样善意的方式来回报你。我们付出多少，相应的就能够得到多少，甚至更多。

一天夜里，已经很晚了，一对年老的夫妻走进一家旅馆，他们想要一个房间。前台侍者回答说："对不起，我们旅馆已经客满了，一间空房也没有剩下。"看着这对老人疲惫的神情，侍者不忍心深夜让这对老人出门另找住宿的地方。而且在这样一个小城，恐怕其他的旅店也早已客满打烊了，这对疲惫不堪的老人岂不是要在深夜流落街头？于是好心的侍者将这对老人领到一个房间，说："也许它不是最好的，但现在我只能做到这样了。"老人见眼前是一间既整洁又干净的屋子，就愉快地住了下来。

第二天，当他们来到前台结账时，侍者却对他们说："不用了，我只不过是把自己的屋子借给你们住了一晚而已。祝你们旅途愉快！"原来如此，侍者自己一晚没睡，他就在前台值了一个通宵的夜班。两位老人十分感动。老头儿说："孩子，你是我见到过的最好的旅店经营人。你会得到回报的。"侍者笑了笑说，这算不了什么。他送老人出了门，转身接着忙自己的事，把这件事情忘了个一干二净。

没想到有一天，侍者接到了一封信函，打开看里面有一张去纽约的单程机票并有简短附言，附言上聘请他去做另一份工作。他乘飞机来到纽约，按信中标明的路线来到一个地方，抬眼一看，一座金碧辉煌的大酒店耸立在他的眼前。原来，几个月前的那个深夜，他接待的是一个有着亿万资产的富翁和他的妻子。富翁为这个侍者买下了一座大酒店，深信他会经营管理好这个大酒店，这就是全球赫赫有名的希尔顿饭店首任经理的传奇故事。

你看，当我们主动善意地对待别人的时候，我们不但可以得到别人的回馈，而且还拥有了良好的人际关系，收获了幸福的人生，这不就收获了更多吗？那么，我们主动对别人付出又算得了什么呢？

总之，不要因为别人对自己不够好而抱怨，而要在平时用自己的真心做好"播种"工作，对别人舍得付出。相信你无论走到哪里都会很受欢迎，也必然会得到别人的回报。

5.丢掉自私，不要和朋友计较太多

生活中，我们要抛弃自私，因为自私只会让我们孤兵作战，就算我们能够取得再大的成就，如果这其中的喜悦无法与身边人分享，我们也会觉得不快乐。忘掉自私，多与人分享，就算我们遇到困难，也会觉得无所畏惧。

人无朋友，必然会导致寸步难行。一个人的生活是寂寞的，一个人的奋斗是孤单的，如果没有朋友的陪伴，我们的人生将会变得暗淡无光。放下成见，放下自私，我们才能看到更为广阔的天空。

当奥巴马知道玛利亚因为一件小事和朋友吵架时，他狠狠地批评了她，并严肃地告诉她：与朋友相处，不必斤斤计较，更不要自私，尤其是当朋友有困难的时候更应如此。这样才有利于维护你与朋友的关系。在奥巴马的建议下，玛利亚很快就与朋友和好了。

人非圣贤，孰能无过？与朋友相处就要互相谅解，求大同存小异。能大度容忍，你就会有许多朋友；相反，如果你过分挑剔，斤斤计较，任何事都要论个是非曲直，容不得人，人家也会躲你远远的，最后你只能成为"孤家寡人"。

自私会使人通往失败的深渊，而协作则会带来发展。如果我们为了一点小事而争论不休，最后两个人僵持不下，谁也不肯让步，那么，我们就会失去这个朋友，就会失去一个成功的机会。

朋友之间，贵在交心。我们要做的就是放下成见，和朋友甘苦与共。如果我们总是内心邪恶，充满自私，那么，就算朋友是真心对我们好，我们也会曲解为这些"好"是糖衣炮弹。

路行窄处，留一步让人行。滋味浓者，减三分让人尝。朋友之间，摩擦是不可避免的，如果我们无法正视这些摩擦，任其放大，那么小摩擦就会变成大误会，我们也会因此失去朋友之间最珍贵的友谊。

在明朝时期，有一个名叫董笃的人，他因科举高中而在京城做官。突然有一天，他收到一封来自他母亲的家书。家书中写道："现在家里有钱了想翻盖房子，咱家的墙占的本身就是咱自家的房基地，可是邻居胡搅蛮缠，说咱家的墙占了他家三尺房基地。你回来吧，给咱家主持公道。"

董笃知道母亲素来贤惠，很少和别人发生争吵，平时的邻里关系也非常好，邻居们对他们也非常照顾。这次他们吵起来，很可能是因为都在气头上，于是就回了封家书说："千里捎书为一墙，让他三尺又何妨。万里长城今犹在，不见当年秦始皇。"

母亲一看儿子的家书，心想：邻里之间让他一面墙又有什么大不了的，于是立即把墙主动退后三尺。而邻居家见此情景，深感惭愧，觉得董笃的母亲让了自己的地，也马上把墙让后三尺。

就这样，董笃家和邻居家的院墙之间，就有了一条六尺宽的巷道，成了有名的"六尺巷"。后人因此常说："争一争，行不通；让一让，六尺巷。"后来，这两家和睦相处，成就了一段邻里关系的千古佳话。

打破矛盾的围墙，找到真正能使友谊之花盛开的土壤，我们才能静下心来播种，才能让鲜花生长，才能让花香溢满心田。让掉一墙的距离，与朋友方便，就是与己方便，只有这样，真正的友谊之花才会在我们心底绽放。

有些时候，朋友之间会因"谁付出多了，谁没有付出"而发生争执和冲突。这是很正常的。关键看你如何处理，千万不要计较，一旦计较就像菜里面落进了沙子，就难吃了。

奥巴马告诉女儿，计较是一柄双刃剑，在伤害别人的同时，也可能伤害自己。因此在与朋友的交往中要善于"吃亏"。

　　从前，齐国有一对要好的朋友，一个叫管仲，另一个叫鲍叔牙。年轻的时候，管仲家里很穷，还要奉养母亲。鲍叔牙知道了，就找管仲一起投资做生意。做生意的时候，因为管仲没有钱，所以本钱几乎都是鲍叔牙拿出来的。可是，当赚了钱以后，管仲却拿的比鲍叔牙还多。鲍叔牙的仆人看了就说："这个管仲真奇怪，本钱拿的比我们主人少，分钱的时候却拿的比我们主人还多！"鲍叔牙却对仆人说："不可以这么说！管仲家里穷又要奉养母亲，多拿一点又有什么关系。"有一次，管仲和鲍叔牙一起去打仗，每次进攻的时候，管仲都躲在最后面，大家就骂管仲："管仲是一个贪生怕死的人！"鲍叔牙马上替管仲说话："你们误会管仲了，他不是怕死，他得留着命去照顾老母亲呀！"管仲听到之后说："生我的是父母，了解我的人可是鲍叔牙呀！"后来，齐国的国王死掉了，公子诸当上了国王，诸每天吃喝玩乐不做事，鲍叔牙预感齐国一定会发生内乱，就带着公子小白逃到吕国，管仲则带着公子纠逃到鲁国。

　　不久之后，齐王诸被人杀死，齐国真的发生了内乱，管仲想杀掉小白，让纠能顺利当上国王，可惜管仲在暗算小白的时候，把箭射偏了，射到了小白的裤腰，小白没死。后来，鲍叔牙和小白比管仲和纠还早回到齐国，小白就当上了齐国的国王。小白当上国王以后，决定封鲍叔牙为宰相，鲍叔牙却对小白说："管仲各方面都比我强，应该请他来当宰相才对呀！"小白一听："管仲要杀我，他是我的仇人，你居然叫我请他来当宰相！"鲍叔牙却说："这不能怪他，他是为了帮他的主人纠才这么做的呀！"小白听了鲍叔牙的话，请管仲回来当宰相，而管仲也真的帮小白把齐国治理得非常好。

　　管仲说："我当初贫穷时，曾和鲍叔牙一起做生意，分钱财，自己多拿，鲍叔牙不认为我贪财，他知道我贫穷啊！我曾经替鲍叔牙办事，结果使他处境更难了，鲍叔牙不认为我愚蠢，他知道时运有利有不利。我曾经三次做官，三次被国君辞退，鲍叔牙不认为我没有才能，他知道我没有遇到时机。我曾经三次作战，三次逃跑，鲍叔牙不认为我胆怯，他知道我家里有老母亲。公子纠失败了，召忽为之而死，我却被囚受辱，鲍叔牙不认为我不懂得羞耻，他知道我不以小节为羞，而是以功名没有显露于天下为耻。生我的是父母，了解我的是鲍叔牙啊！"

鲍叔牙推荐管仲以后，自己甘愿做他的下属。鲍叔牙的子孙世世代代在齐国吃俸禄，得到封地的有十多代，常常成为有名的大夫。天下的人不赞美管仲的才干，而赞美鲍叔牙能了解人。

后来，大家在称赞朋友之间有很好的友谊时，就会说他们是"管鲍之交"。

很多朋友出现矛盾，是因为他们之间牵扯到了利益。正是因为这样的利益，使得他们关系僵化，最终变得势同水火。人生无常，心安则是归处，对待朋友，只要我们用心付出，无愧于心就可以了，宽容一些，大度一些。

做人切不可自私自利，也不要和自私自利的人做朋友。因为自私自利人的脑子里装满的都是自己，他们不会爱别人，更不懂得为别人付出。他们总是把自己当成这个世界的中心，将外在的一切都视为他自己的附属，因而他们不愿奉献。

来而不往非礼也，你怎样对待朋友，朋友就会怎样对待你。人是有感情的动物，当你在朋友危难之际，对其伸出援手，朋友就会永远记得你的恩情；当你在朋友快乐的时候，和他分享，你自己也会因此变得快乐。

6.让身边的朋友感到被重视

一次玛利亚邀请学校的朋友来家里玩，她郑重地将朋友介绍给父亲。而奥巴马也热情地与他们打招呼。朋友走后，玛利亚说，父亲的表现让朋友很感动，他们觉得自己很受重视。

每个人都觉得自己很重要，换句话说，每个人都希望别人认为自己很重要。一旦满足了这种要求之后，人们就会在被别人重视的那个方面中焕发出巨大的热情和潜力，人与人之间也将成为好朋友。所以奥巴马告诉女儿，任何时候都要珍惜身边的朋友，要让身边的朋友感到自己受到了他人的重视。奥巴马不但这样告诫女儿，也用自己的实际行动给女儿做榜样。

奥巴马也告诉女儿，朋友就是要互相关心，你要时刻表现出朋友在你心目中的地位是不可替代的。有时候我们常常忽略朋友的存在，只是简单地认为朋友只不过是我们生命中的配角、人生道路上的行人。这是不对的，如果真的是这样，只能证明你最重视的是你自己。

不要总是指责别人对自己不够关心，而是要想想你有没有关心别人。要知道："人非草木，孰能无情。"只有当你的朋友感受到被你重视的时候，他们才会更加重视你。

俞伯牙是春秋时期著名的琴家，琴艺十分了得，晋国的士大夫。传说他弹琴的时候连水里的鱼都要越出水面来倾听，正在吃草的马儿也会仰首而听。

一次，俞伯牙奉命外出办事。返程的时候走的是水路，他的船行到汉江口时，刚好是八月十五，月色幽美。当时船停泊在岸边歇息，俞伯牙闲来无事就抚琴一曲。他弹琴雅兴正浓之时，发现有人在岸上偷偷倾听。俞伯牙便把他请到了船上，这个人就是钟子期。交谈之中，俞伯牙发现钟子期对自己名贵的古瑶琴来历十分了解，而且十分精通琴理，欣赏弹奏也很内行。俞伯牙弹奏的时候，心里想的是高山，钟子期就会说"巍巍乎志在高山"；俞伯牙心里想的是江河，钟子期就感叹"汤汤乎志在流水"。在野外能遇到这么一个知音，俞伯牙激动不已，当时就与钟子期结为兄弟，两人促膝长谈直到天亮。

临别时，俞伯牙很是不舍，就邀请钟子期过些时候到晋阳去，钟子期却说："如若答应了贤兄，就必须履行诺言。可万一父母不允许我去，我岂不成了言而无信之辈？我不敢随便答应下来……"

俞伯牙只好许诺明年来看望钟子期。

"贤兄明年何时来啊？"钟子期问。

"昨夜是八月十五，此时天已亮是十六。来年，我就是八月十五或十六来到，不会晚于八月二十。如若食言，定非君子。"

钟子期道："既然如此，明年八月十五、十六，我定在这江边等候。"

一年转眼即过，不承想钟子期卧病在床，生命垂危，眼看就快要不行了。钟子期对在榻前的父母交代后事。

"儿再也不能对您二老尽孝心了，儿死后，只求爹娘把儿埋在汉江口那里。去年中秋，儿在江边与伯牙兄相遇，临别时约定，今年中秋伯牙兄来我家，我答应他届时到江边等候他。"

俞伯牙与钟子期船头一别后，约定的事情始终挂在心头。又一个中秋将至，俞伯牙便迫不及待地向晋主告假，但晋主担心俞伯牙投靠他国，迟迟不批假。俞伯牙对约定一事牢记在心，宁愿丢官也不能失信，便即刻打点行装上路了。

俞伯牙紧赶慢赶，陆路转水路，终于在八月十五当夜，赶到了去年与钟子期相遇的江边。他激动地站在船头张望，可迟迟未见钟子期出现。俞伯牙心想：可能贤弟在等着听我的琴声吧，于是取出古瑶琴，在船头弹奏起来。可是，从月中天弹到东方微红，仍然没有看见钟子期的身影。

随从知道俞伯牙来此处的目的，便说："大人，一年前的约会谁会记得啊，只有大人您不远千里赶来，而且还一刻不迟。"

"我了解他，他定是家中有事脱不开身。我这就去他家找他。"说着起身便走了。

俞伯牙走出十来里，遇见一个老樵夫，在问路时他知道了老樵夫就是钟子期的父亲。

老樵夫老泪纵横地向俞伯牙叙述了钟子期在临终时的请求，并说道"在你来时的路边，有座新坟，那便是他在迎接你啊！"

俞伯牙闻听此言，大惊，昏倒在地。

待俞伯牙苏醒之后，跟着钟父来到新坟前，不由放声痛哭。他取出古瑶琴，在坟前凄楚地弹起了古曲《高山流水》。弹罢，他长叹一声，把心爱的瑶琴在青石上摔了个粉碎。他悲伤地说："我唯一的知音已不在人世，这琴还弹给谁听呢？"

钟子期临终不忘自己的诺言，死后还要"守约"，俞伯牙宁可丢官也要履行自己的诺言。人一生中能得到像钟子期和俞伯牙这样真诚的朋友便也无憾了。

不管多忙多累，不管你现在身居何位，不管身边有多少亲人，都不要忽视自己的朋友，尽量让朋友意识到自身的重要性。请记住，你越使别人觉得自己重要，别人对你的回报就越多。如何又能做到这一点呢？

奥巴马告诉女儿：第一，你要告诉朋友他在你心目中很重要。因为每个人都希望被重视。所以，你重视自己的朋友，也感谢他，就要告诉他，你在我心中很重要。

第二，关心朋友以及他的家人。每个人都希望自己的朋友能真心关心他，除此之外，还希望你关心他的家人。实际上，关心他的家人有时候比关心他本人更让他感到你的重视。

第三，时刻关注朋友。卡耐基说过，只有让对方感觉到自己的重要，他才会成为你的朋友。所以，当朋友过生日时，你要真心地祝福他。与朋友一起时，要多听听他的心声，谈论朋友喜欢的事物，要鼓励他们，并在听完之后欣赏他。真诚地赞美他取得的成绩，朋友请求你的事，要尽量做到。这样一来，朋友就会感到你很关心他，重视他。他也会以同样的态度对待你。

第四，郑重地向他人介绍自己的朋友。不论你的朋友地位如何，家庭如何，在他人面前，你都要郑重而骄傲地向别人介绍他。

你用怎样的态度对待别人，别人也会以怎样的态度对待你。你轻视一个人，就不会把他放在心上，对他的一切都漠不关心。你重视一个人，就会关心他的感受，关心他所处的状况。当他感受到你的轻视或重视后，也会以同样的态度对待你。因此，当你想改善或巩固与朋友的关系时，时刻把他放在心上，让朋友感受到你的重视，无疑是一条捷径。

第 八 章

『别那么刻薄，一缕微笑可温暖整个世界』

无意踩到别人脚的情况常常会发生，但没必要处心积虑地做一些不好的事情，所以要有意识地让自己不要那么刻薄。如果有人对你无礼相待，随他们去好了。没必要去报复，除非你也想成为那一人。

1.宽恕一个敌人，就能多一个朋友

如果我们能用宽容的目光看世界，那么无论是事业、家庭，还是友谊都会稳固与长久，这样的人才能获得他人的尊敬，才能在这个世界上实现人生的价值，其生命的意义也才会得到充分体现。

如果你受到伤害之后，采取宽容的态度，用大度之心包容对方的过错，这样不仅可以表现出你的胸襟，让你的形象瞬间高大起来，还可以帮你化解他人的敌意，这样就会少一个敌人，多一个朋友，岂不是一件美事？事实上，你的宽宏会使你的精神达到一个新的境界，让你的人格折射出高尚的光彩。奥巴马在成功当选美国总统之后，对曾经和他进行过殊死之争的"敌人"采取了宽宏的态度，最终化敌为友，组建了一支全新的团队。

有评论家说2008年的美国总统大选是一件很有意思的事，在整个竞选过程中，无论是同党还是竞争者，都可以说是生死之战。为了获得最后的胜利，不给对手任何喘息的机会，双方都寸步不让，可以说是一场真正的较量。当最终结果出来的时候，之前的竞争就瞬间消失了，谅解、联合成了全新的主旋律。

用"不打不相识"来形容奥巴马和麦凯恩是再恰当不过了。麦凯恩与奥巴马成了总统竞选的最后人选，他们之间要进行一场生死之战。在竞选的过程中，双方相互挖苦、诋毁、贬低对方，可以说是无所不用其极。就是这样的一对冤家，在总统竞选落下帷幕之后，纷争马上就烟消云散了，还成了一对好朋友。

可以说，美国总统竞选就是竞选人之间的一场战争，只有一个人能取得最后的胜利，在整个竞选过程中，如果不把对方逼上绝路，最终失败的可能就是自己。但是，竞选人之间并无绝对的深仇大恨，他们心里都有一个共同的梦想——全美国人共同拥有美国梦。在奥巴马当选总统后，他发表了感言。他说："我刚刚接到了麦凯恩参议员极具风度的致电。他在这场大选中经过了长时间的努力奋斗，他为自己所深爱的这个国家奋斗的时间更长，更值得我们尊敬。我向他和佩林州长所取得的成绩表示祝贺，我也期待着与他们一起在未来的岁月中共同努力，复兴这个伟大的国家。"

麦凯恩输得大度，奥巴马赢得其所。他们都表现出了常人所没有的气概，他们之间的相互包容将成为美国最有利的武器，在他们的带领下，美国也会迎来复兴之路。奥巴马经常对自己的团队说："宽恕别人是为了宽恕自己。"

此后，奥巴马兑现了他的诺言，他常邀请麦凯恩到白宫做客，共同商讨治国方案。他多次强调他和麦凯恩都是美国人，有着共同的利益，他们不是敌人而是伙伴。麦凯恩也在落选之后，第一时间表达了对奥巴马的祝贺与信任。他如此说道："在这场持久而且艰难的竞选活动中，他的成功赢得了我的尊敬，更让我赞赏的是，他激起了美国人民的希望。我希望所有支持我的美国人和我一起祝贺他，向我们的新任总统表达我们良好的心愿。我们一起努力，在这个危险的世界上捍卫我们的安全，创造一个更加强大的国家，让这个国家能更好的发展。"

2008年的美国大选改变了一些东西：身份、地位、关注度。虽然如此，不管是黑色皮肤还是白色皮肤，他们都是美国人，属于同一个国家。所以，他们没有继续"仇恨"，而是选择了联合与宽容。他们明白让硝烟继续无益于国家，对个人也会造成很大的伤害，所以不如选择原谅，即使面前的这个人曾经将自己贬得一文不值。

这种宽容的态度让所有人看到了他们的豁达和宽广的胸怀，看到了他们摒弃过去、一切向前看的坚强信念。这种信念鼓舞的不仅是他们自己，别人也体悟到了两人的高尚情操，请相信这句名言：宽容是在荆棘丛中长出来的谷粒。

人与人之间，应该彼此容忍，每个人都有自己的缺点，在最薄弱的方面，每个人都能被切割捣碎。他说，在生活之中，我们总认为做了错事得到报应才算公平。但是"人之初，性本善。"其实我们每个人一出生都是善良的。只不过，在社会上，随着我们接触的环境的改变，慢慢地我们就变得越来越贪婪、丑恶。不过，人毕竟是感性的动物。多些关爱，少些责骂，即使是冰山，也会在我们温情阳光的照耀下慢慢融化。因此，多些宽容，生活就会越幸福。

学着对别人宽容一点吧，以博大的胸怀去宽容别人。宽容是一种无声的教育，正像紫罗兰一样默默给人留下启示，当它把香味留在你脚下的那一刹那，又同时给人留下了崇高与豁达的印象，你还会因此获得化干戈为玉帛的魔力，从而能够从容不迫地游走人际，安然享受生活的乐趣。

春秋时楚国内乱，平息后，楚庄王以香酒佳肴宴请文臣武将，并让后宫妃嫔出来敬酒，给大家助兴，最受宠幸的许姬也在其中。酒到半酣刮起大风，吹灭了所有烛火，大厅里一片漆黑。黑暗中，不知是谁仗着酒兴想轻薄许姬，在拉扯的过程中，许姬扯下了那人官帽上的缨带，跟楚庄王说："大王，刚才有人趁乱想非礼臣妾，不过我拔下了那人的帽缨，待重新点亮蜡烛之时便能查出此人是谁。"

许姬原以为楚庄王会为自己做主，没想到楚庄王却对大家说："寡人今日设宴，大家都要开怀畅饮，不醉不归。为了让大家不顾念君臣之礼，请诸位把帽缨摘掉，尽情地畅饮。"待到烛光重新点燃，朝堂上坐着的全是没有帽缨的人。许姬环视了一下，看不出来谁是刚刚调戏自己的那个人，便拂袖离去了。

三年后，晋国侵犯楚国，两国开战，楚庄王亲自带兵与敌人交战。楚庄王发现，在自己的军中有一员猛将，他不仅在战场上奋勇杀敌，而且还带动了其他将士的作战情绪，使得自己的军队能够一次又一次的获胜。有一次，楚庄王深入险境，险遭杀身之祸，幸亏这位猛将拼死护驾，才让他成功脱离了险境。

凯旋的时候，楚庄王要对那位将军进行封赏。他问将军想要什么，将军表示什么都不想要，而是立刻跪倒在地说："大王已经赏赐过了，上次在黑暗中，酒后失德调戏许姬的正是末将。大王以宽广的胸怀，饶恕了我，不但没有治我的罪，反而想尽办法保我周全，我只有奋勇杀敌才能报答大王。"

在这件事情中，将军调戏君王的爱妾无疑是对君王的侮辱，但楚庄王并没有生气，反而以宽容忍让的精神掩护了此人，结果换来了这位将军的奋勇杀敌、忠心耿耿。设想，如果楚庄王当初将那位将军斩首示众，又怎么会赢得他的以死相报呢？也许楚庄王就会死在战场上，更别提成就一番霸业了。

宽容就像清凉的甘露，浇灌了干枯的心灵；宽容就像暖和的壁炉，温热了冰凉麻痹的心；宽容就像不熄的火炬，点燃了冰山下将要熄灭的火种；宽容就像一支魔笛，把沉睡在黑暗中的人叫醒。在这个世界上，没有什么能跳出宽容的胸怀，没有什么能抗衡博爱的温暖。

没有绝对的完美，每个人都有弱点与缺陷，都可能犯下这样那样的错误。当别人犯了错误之后，我们不能无休止地打击对方，不给对方改过的机会，非要置对方于死地不可。这样一种心态，只会让仇恨加深，不能最终化解仇恨。与其如此，不如选择宽容自己的敌人，以大度的胸襟去包容对方，同时让自己的灵魂也得到解脱。

2.宽恕他人就是善待自己

人的一生漫长而遥远，在漫长的人生途中，我们会结识许许多多的人，会经历许许多多的事。其中有无法言语的感动，有发自内心的感激，也有不可避免的艰难困苦和委屈无奈。但无论遇见什么，我们一定要学会拥有一颗宽容而真诚的心。

月有阴晴，人有善恶，自然界有很多事物都不是我们人力所能为的。我们不可能改造世界，不可能改造别人，我们能改造的只有我们自己的心态，养成我们对待世界、对待身边人的一种宽容的处世哲学。

奥巴马参与总统竞选的路上可谓树敌颇多。第一个敌人就是被奥巴马誉为"最难啃的骨头"的同为民主党党员、前总统克林顿的妻子希拉里。希拉里出身良好，接受过最好的教育，还是前总统克林顿的夫人，实力不可小觑。在民主党内部竞选总统候选人的时候，希拉里就和奥巴马打得难解难分，数月的时间里，他们在数十个州展开了激烈的争辩，甚至嘲弄对方。

强大的对手是前进路程上难以逾越的障碍。假如奥巴马一味地与希拉里纠缠，最终的结果势必会两败俱伤。经过一番深思熟虑后，奥巴马做出了一个出人意料的决定：化解与希拉里之间的分歧和争议，实现共赢。

在一次演讲中，奥巴马谈到了希拉里，他不但没有对她进行攻击和非议，反而由衷地称赞希拉里。他说："希拉里是一位伟大的女性，她创造了历史，在她身上洋溢着自信、勇气、执着的精神。她是值得敬仰的人，是民主党内举足轻重的一员。"

此话颇令媒体和民众感到意外，也让希拉里大吃一惊，她由此对奥巴马产生了敬佩之意。之后奥巴马的一番言论更是让希拉里心服口服，奥巴马如此说道："我与希拉里面对面的竞争进行了十几个月之久，我们之间存在分歧，但这些分歧是源于个人对美国的热爱，也让我真切地感受到来自一位伟大女性心灵深处蕴育的强大信念和坚强的意志。她有着大无畏的精神，无论何时她从不退缩，也绝不放弃。她深入社区体验民情、关心民众，她有着和平常人一样的朴素情感，但却心怀治理国家的雄才大略。尽管道路泥泞不堪，她总在永不停歇地前进。这个国家的每一个人都应该为她而感到自豪和骄傲。"

奥巴马的这些赞扬之词完全出乎了媒体和民众的意料。毕竟在竞选演讲中公开称赞竞争对手，在美国竞选史上是前所未有的。而且在当时，奥巴马在和希拉里的竞争中已经取得了绝对优势，此刻称赞希拉里更彰显了奥巴马的高明之处。他明白希拉里是一位实力强劲的对手，与其做敌人不如化解分歧做朋友。舍弃咄咄逼人的攻击，改以怀柔手段拉拢已经处于劣势的竞争对手，不仅不会激起对方反击，反而会进一步提高自己的人气。如果他与希拉里最终能化敌为友，那么自己的竞选势力也会迅速提升。

俗话说，"多个冤家多堵墙，多个朋友多条路"。与对手化解分歧，通过合作实现共赢，就会多一丝成功的机会，多一条走向成功的路。这也是我们应该向奥巴马学习的地方。或许经过抗争，我们最终可以击败对手，可是战胜强劲的对手势必要消耗大量的人力和物力，使我们的精力在这样的消耗战中磨损殆尽。幸运的是，奥巴马最终得到了希拉里旗帜鲜明的支持，她说："我想我们应该把全部的精力和力量凝聚起来，全力以赴地支持巴拉克·奥巴马竞选下一届总统。"这之后，本来投给希拉里的1800万张选票全部投给了奥巴马，对奥巴马最终当选总统起到了至关重要的作用，而希拉里则被任命为国务卿。

在顺利化解与希拉里的分歧后，奥巴马又将注意力集中转移到了另一位强劲的对手——麦凯恩身上。他们之间在很多观点上都存在着严重的分歧，比如堕胎问题，麦凯恩支持，奥巴马反对；比如拥有枪支，麦凯恩反对，奥巴马支持，等等。这些看似不可调和的观点和矛盾，却因为奥巴马的一句话开始逐渐淡化。奥巴马说："我和麦凯恩的分歧不是个人主义，而是我们都把国家放在了第一位。"奥巴马知道，在国家大义面前必须要抛弃个人情感和利益，他和麦凯恩之间无休止的争斗不能实现国家利益的最大化，唯有联合起来才能更好地为国家和人民服务。

后来，当一切尘埃落定后，奥巴马主动和麦凯恩进行了交谈和沟通，他们彼此握手、拥抱，诉说几个月的竞选攻击只是政治政见分歧的辩论，是体制和政策的对抗，并不是个人之间的攻讦。他们彼此友善、真诚的态度最终促成了和解，也让民众了解到了他们诚恳的态度和人生观，由此得到了社会和民众的支持。

奥巴马正是这样一步步化解了与对手的分歧，在民众心目中树立了自己的良好形象，使个人人气暴涨。在后来的一次演讲中，奥巴马再次提到了麦凯恩："我和麦凯恩都无比忠诚地钟爱着我们的国家，因此，为了国家能更美好，我们的爱国主义就不应该有党派之分。那些正在战场上为了美国战斗的人，无论他们是共和党人还是民主党人抑或无党派人士，只要一起战斗、一起流血，甚至一起牺牲，那么他们就是在为同一个国家赴汤蹈火！"直到现在，奥巴马这句经典的话仍在不断地被人们传颂。

所有的分歧都被这种共同的爱国情结和信念所化解，奥巴马赢得了选举，麦凯恩获得了尊重，整个美国都洋溢着浓浓的爱国情感。对于我们普通人来说也是一样，与对手两败俱伤绝不是根本目的，更不是胜利，共赢才是对双方都有利的结局。

宽容是一种最恒定的福气，因为这种福气并不是别人给予的，而是一种自我的赐福，一个人如果在他人的心中能装下狂风暴雨，同样，在他的心里也能开出美丽的花朵，同时也在别人心里播下了幸福的种子。

在第二次世界大战结束后，法西斯德国终于投降了。德国士兵从被侵略国家的领土一批一批地撤离，道路两旁的人民想：法西斯德国侵略我们的国家，破坏了我们的家园。他们十分憎恨德国人，都对德国兵怒目而视。

这个时候，一个老太太拄着拐杖，颤颤巍巍地走向一个年轻的士兵，递给他两个硬邦邦的面包，并难为情地解释道："不好意思，家里实在没什么吃的东西了，就剩下这些了，你拿着在路上将就着吃点吧。"

那个年轻的士兵接过面包，感动得跪倒在地上，说："对不起，我破坏了你的家园，杀死了你的儿子，我无法弥补我的过错，从此以后我就是你的儿子，你就是我的妈妈。"

战争给世界各国人民都带来了太多的痛苦和磨难，如果我们不学会宽容，像道路两旁的人那样，让仇恨充满了我们的心灵，我们又怎么会有信心重建家园，又怎么会鼓起对生活的信心，又怎么会从战争的噩梦中醒过来呢？他们的心已经是千疮百孔，如果再让仇恨剥夺他们照耀阳光的权利，那四处滴血的心又怎么痊愈呢？

其实做人就应该像那个老人一样，以德报怨，虽然战争让她家破人亡，但是她宽恕了别人。人心都是肉长的，当别人知道原谅了他的错误时，也必定会痛改前非。老人虽然已经家破人亡，但是她比别人多了一点宽容，因此她又得到了一个儿子。相信她的心伤很快就会痊愈，幸福也会时常来敲她的门的。

3.原谅那些曾经冒犯过你的人

原谅冒犯过自己的人，这本身需要博大的胸襟和过人的气量。原谅别人才能释怀自己。懂得这一点的人，他的内心才会平静，才不会在现实生活中徘徊挣扎。如果不能原谅别人，心中就会种下一颗仇恨的种子，从此连累了自己的身心，让痛苦和烦恼越来越多。只有试着原谅别人，自己内心的压抑才会得以解除，快乐才会释放出来。

奥巴马竞选总统的过程，可以说是一路艰辛，他同样受到了很多人的谩骂和抨击。例如，希拉里竞选团就曾暗地将一张奥巴马穿着索马里人衣服的照片泄露给了《德拉吉报道》。代理人用讽刺的口吻说，奥巴马不用惭愧，因为他穿的是他"本国的衣服"。在俄亥俄州的扬斯顿市，国际机械师工会主席汤姆·布丰巴尔格表示支持希拉里。他在希拉里的集会上大声宣布："我已从拿铁咖啡、普锐汽车及柏肯鞋的信托基金宝贝得到消息，他们都将前去听奥巴马的演讲，看他怎么公开针对机械业！"他们还把奥巴马"缺乏美国根基"作为攻击目标，来打击奥巴马。但是面对希拉里竞选团的种种做法，奥巴马只是一笑置之。

奥巴马认为对自己不好的人，例如那些伤害你、打击你、欺骗你、诋毁你的人，无须介怀。否则，他们就会使你感到痛苦，甚至怨恨，带给你的是失败、挫折和心痛。所以，当女儿们受到一些恶意嘲讽时，他这样告诉她们："不错，如果你介意那些对你不好的人对你所做的事，所说的话，那么你就是在帮助他们打击自己；反之，如果你能一笑置之，甚至是感谢他们让你获得了宝贵的经验，改正自己的错误，促使自己不断进步，这就是对他们最好的'报复'。"

幽默大师威尔·罗吉士说："我从未遇见过一个我不喜欢的人。"由于他的知名度和才华，很少有人不喜欢他。在罗吉士年轻的时候，曾遇到过这样一件事。

1898年冬天，威尔·罗吉士继承了一个牧场。

有一天，他养的一头牛为了偷吃玉米而冲破附近一户农家的篱笆，最后被农夫杀死。依当地牧场的共同约定，农夫应该通知罗吉士并说明原因，但是农夫并没有这样做。

罗吉士知道这件事后，非常生气，于是带着佣人一起去找农夫理论。

此时，正值寒流来袭，他们走到半路，人与马车全都挂满了冰霜，两人几乎也快冻僵了。

好不容易抵达了木屋，农夫却不在家，农夫的妻子热情地邀请他们进屋等待。罗吉士进屋取暖时，看见妇人十分消瘦憔悴，而且桌椅后还躲着五个瘦得像猴子一样的孩子。

不久，农夫回来了，妻子告诉他："他们可是顶着狂风严寒而来的。"

罗吉士本想开口与农夫理论，忽然又打住了，只是伸出了手。

农夫完全不知道罗吉士的来意，便开心地与他握手、拥抱，并热情邀请他们共进晚餐。

这时，农夫满脸歉意地说："不好意思，委屈你们吃这些豆子了，原本有牛肉可以吃的，但是忽然刮起了风，还没准备好。"

孩子们听见有牛肉可以吃，高兴得眼睛都发亮了。

吃饭时，佣人一直等着罗吉士开口谈牛被杀的事。但是，罗吉士看起来似乎忘记了，只见他与这家人开心地吃着饭，还有说有笑。

饭后，天气仍然很差，农夫强烈要求两个人住下，等转天再回去，于是罗吉士与佣人在那里过了一晚。

第二天早上，他们吃了一顿丰富的早餐后，便告辞回去了。

在寒流中走了这么一趟，罗吉士对此行的目的却闭口不提，在回家的路上，佣人忍不住问他："我以为，你准备去为那头牛讨个公道呢！"

罗吉士微笑着说："是啊，我本来是抱着这个念头的，但是，后来我又盘算了一下，决定不再追究了。你知道吗，我并没有白白失去一头牛啊！因为我得到了一点人情味。毕竟，牛在任何时候都可以获得，然而人情味却并不是很容易得到的。"

一个人的心胸应该宽广，走出狭隘的自我，超越睚眦必报的狭隘心理，以宽容和怜爱的心对待世界，从而体现出人性的光辉和伟大。如果大家都以宽容的心胸去换取一点人情味，这个世界将变成爱的乐园！

一天中午，埃德蒙先生刚到厅门，就听见楼上的卧室有轻微的响声，这种响声对他来说太熟悉了，是阿马提小提琴的声音。

"有小偷！"埃德蒙先生一步冲上楼，果然，一个大约13岁的陌生少年正在那里摆弄小提琴。

他头发蓬乱，脸庞瘦削，不合身的外套里面好像塞了些东西。毫无疑问他是一个小偷。埃德蒙先生用结实的身躯挡在了门口。

这时，埃德蒙先生看见少年的眼里充满了惶恐、胆怯和绝望。那是一种非常熟悉的眼神。刹那间，埃德蒙先生想起了往事，愤怒的表情顿时被微笑所代替。他问道："你是丹尼尔先生的外甥吗？我是他的管家。前两天，丹尼尔先生说你要来，没想到来得这么早！"

那个少年先是一愣，然后很快地回应说道："我舅舅出门了吗？我想先出去转转，待会儿再回来。"埃德蒙先生点点头，然后问那位正准备将小提琴放下的少年："你也喜欢拉小提琴吗？"

"是的,但拉得不好。"少年回答。

"那为什么不拿着琴去练习一下,我想丹尼尔先生一定很高兴听到你的琴声吧。"他语气平缓地说道。少年疑惑地望了他一眼,拿起了小提琴。

临出客厅时,少年突然看见墙上挂着一张埃德蒙先生在歌德大剧院演出的巨幅彩照,身体猛然抖了一下,然后头也不回地跑远了。

埃德蒙先生确信那位少年已经明白了是怎么回事,因为没有哪一位主人会用管家的照片来装饰客厅。

那天黄昏,回到家的埃德蒙太太察觉到异常,忍不住问道:"亲爱的,你心爱的小提琴坏了吗?"

"哦,没有,我把它送人了。"埃德蒙先生缓缓地说道。

"送人?怎么可能!你把它当成你生命中不可缺少的一部分。"埃德蒙太太有些不相信。

"亲爱的,你说得没错,但如果它能够拯救一个迷途的灵魂,我情愿这样做。"看见妻子不明白他说的话,他就将经过告诉了她,然后问道:"你觉得这么做有什么不对吗?"

"你是对的,希望真的能对这个孩子有所帮助。"

三年后,在一次音乐大赛中,埃德蒙先生应邀担任决赛评委。最后,一位叫里特的小提琴选手凭借雄厚的实力夺得了第一名!评判时,他一直觉得里特似曾相识,但又想不起在哪里见过。颁奖大会结束后,里特拿着一只小提琴匣子跑到埃德蒙先生的面前,脸色绯红地问:"埃德蒙先生,您还认识我吗?"埃德蒙先生摇摇头。

"您曾经送过我一把小提琴,我一直珍藏着,才有了今天!"里特热泪盈眶地说,"那时候,几乎每一个人都把我当成垃圾,我也以为自己彻底完了,但是您让我在贫穷和苦难中重新拾起了自尊,心中再次燃起了改变逆境的熊熊烈火!今天,我无愧地将这把小提琴还给您……"

里特含泪打开琴匣,埃德蒙先生一眼瞥见自己的那把阿马提小提琴正静静地躺在里面。他走上前紧紧地搂住了里特，三年前的那一幕顿时重现在埃德蒙先生的眼前，原来他就是"丹尼尔先生的外甥"！埃德蒙先生眼睛湿润了，少年没有让他失望。

世界上没有人会因为生气而得到好处，也没有人会因为烦恼而改变现状。所以，我们要学会原谅冒犯自己的人，这样才能释怀，才会更幸福。

人生需要宽容，这并非一种放任，而只是一种智慧处世的方法。只有宽容他人，才能在错误中学会珍惜和关爱；只有宽容自己，才能在夹缝中找到一线生存的希望。总之一句话，只有懂得宽容，才能让快乐与我们同行！

4.让你更强大的正是你的对手

不管是被竞争对手马不停蹄地追赶，还是拼尽全力追赶竞争对手，都会让人感觉到疲惫，甚至有心力交瘁、力不从心之感。有人会因此咒骂对手，认为是对手给自己平添了一道道烦人的坎。诚然，对手给我们带来了很多忧患，但不能因为这样，就无视对手给自己带来的积极意义。

一个人如果没有竞争对手施压，就会很容易失去忧患意识，变得贪图安逸，只想坐享其成，而这样是不会有大出息的。想一想，不正是因为有了对手的存在，我们才能不停歇地向前行进，才能快速进步。

对手的存在，对我们来说是最好的学习机会，因为你和对手交锋时，是最好的实战，只有在实战中才能快速提升自己。越是强大的对手，学的东西就越多。因为对方要打败你，一定是用尽全力。他们全力以赴的时候，也是传授你最多招数的时候。

百事可乐和可口可乐一直是年轻人的最爱，两者各有一大批忠诚的拥护者，这为它们各自的发展起到了保驾护航的作用。

最初，可口可乐一家独大，百事可乐并不起眼。为了安身立命，在20世纪六七十年代，百事可乐给自己定下了"赶超可口可乐"的目标。在充分进行了市场考察后，百事公司推出了一系列吸引客户的促销计划，并请众多大牌明星代言，开始一点点地吸引年轻顾客，最后大有击败可口可乐之势。

可口可乐公司在意识到自己即将失去市场领导地位后大为震惊，马上召集专业市场专员对市场形势，以及百事可乐的优势作出详细分析。根据分析报告，可口可乐公司重新制定了一套出色的营销策略，力图远远将百事甩在后面。为了不被再次落下，百事公司开始从企业文化入手，将百事可乐进一步打造成独具特色的品牌。

就这样，两家公司开始了不死不休的争斗，结果却创造了这样的历史纪录：在接下来的5年中，软饮料业的创新比之前20年的创新还要多，两家公司的市场份额都达到了历史最高水平。

百事可乐和可口可乐之间的竞争是良性的，你追我赶的竞争使他们实现了双赢。因此对手不是仇人，而是激励我们不断向前奔跑的助力。

日本北海道是著名旅游地，这里盛产味道鲜美珍奇的鳗鱼，海边的许多渔村都以捕捞鳗鱼为生。但鳗鱼的生命力很脆弱，一旦离开深海区，不过半日便会死去。

很多渔民在捕捞鳗鱼返回岸边后，因为不知道怎么安置鳗鱼，导致其全部死去。但很奇怪，有一位老渔民在每次捕捞完鳗鱼返回岸边后，鳗鱼都总是活蹦乱跳的。由于鲜活的鳗鱼价格要比死亡的鳗鱼价格贵一倍以上，所以几年下来，其他渔民都只是维持温饱，只有那位老渔民成了远近闻名的富翁。

老渔民在临终之际，把使鳗鱼不死的秘诀传授给了儿子。原来，老渔民会在整仓的鳗鱼中放进几条叫狗鱼的杂鱼，狗鱼和鳗鱼是出了名的"死对头"。几条势单力薄的狗鱼遇到可怕的对手，便惊慌失措地在鳗鱼堆里到处乱窜，这样一来，反倒把一船舱死气沉沉的鳗鱼给刺激活了。

有人说，对手是失败者的良师，这话并非没有道理。通常，最后败在冠军手下的人，最有希望成为下一场赛事的冠军。失败者可以从对手的成功案例中学习经验、取长补短、完善自我，为成功积累资本。第二次世界大战后，作为战败国的德国和日本，之所以能够迅速崛起，跟他们善于学习强国的经验密不可分。

如果你已是一个成功者，请仔细回想一下，真正帮助你从失败中走出来的，可能不单是你的能力、你的朋友和亲人，更多的时候，还有你的竞争对手。

对手还像是一面镜子，可以照见我们的优势，也可以照见我们的不足。如果没有了对手，这些不足也不会自动消失。所以，对手的存在会让我们看清自己，让我们做得更好。

无论古代还是现代，都遵从"不进则退"这样一个定律。没有竞争便没有进步，没有进步就代表着退步。世界上没有一个人永远都是弱者，只要肯付出努力去竞争，就会化弱为强，走出困境，走出落后。

当我们遇到生命中一个又一个有形无形的对手时，不要逃避，逃避对手就等于逃避进步。当我们觉得失去前进的动力，或者无法再继续之前的辉煌时，不妨主动给自己找一个合适的强大的竞争对手，然后在对手制造的竞争环境中成长，尽自己最大努力超越他。

5.感谢你的支持者，他们让你与众不同

每一个人的成功都离不开自己的支持者，他们会让你的生活变得与众不同，他们的出现会给你创造更多的机会，如果没有他们，你很难在实现理想的道路上取得成功。支持是一种认可，是一种影响力的传播。它会使你变得更加坚强，更加拥有前进的动力。不论你想做什么，都需要他们的支持。奥巴马之所以能取得成功，与他的支持者是密不可分的。

很多人为了听到奥巴马的讲演，天还没亮就去排队，等上好几个小时，最后他们都成了奥巴马的狂热支持者。选举似乎超越了种族和性别，"变革"成了最强的呼声。虽然希拉里也高呼变革，但只有奥巴马是"变革"的代言人。虽然希拉里强调经验，但选民更推崇个人魅力。

2008年2月21日，在第十九次公开辩论会上，希拉里集中火力攻击奥巴马，换来的仅仅是阵阵喝倒彩声，可见人们对奥巴马的喜爱之深，他们对奥巴马的推崇几乎到了疯狂的地步，印有奥巴马肖像的纽扣已被抢购一空，在奥巴马还没有当选为美国总统的时候，他们已经开始谈论美国的首位黑人总统了。

奥巴马的名字也改变了英语，出现了一批以"奥巴马"为词头的新名词，以及很多与奥巴马有关的词语。一阵名为"奥巴马的旋风"席卷了整个美国，它在年轻人之中形成了一股强大的力量，将整个美国变成了奥巴马的天下。没有哪一次的选举会产生如此大的效应，也没有哪一个总统能在年轻人之间形成这么大的影响力。

现在，奥巴马所到之处，都会有大批大批的人为之疯狂。在他们看

来，奥巴马所展现的美国多么令人向往，多么令人陶醉。奥巴马将美国当下现状摸得一清二楚，在美国经济持续低迷、失业率继续上升的时候，奥巴马作为一个全新的希望出现在美国人民面前，他们把奥巴马当成了唯一的救世主。

不仅如此，除年轻人之外，奥巴马的影响力也渗透到其他领域，就连在美国媒体走红多年，本身已经是大众偶像的人物如今也成了奥巴马的"粉丝"。美国著名电视脱口秀节目主持人奥普拉·温弗瑞与奥巴马是多年的好友，2007年5月2日，她首次公开宣布支持奥巴马，并将借助自己的影响力为奥巴马造势。温弗瑞曾经为奥巴马的竞选捐款4600美元，其中2300美元用于初选，另外2300美元在奥巴马赢得党内总统候选人提名后才能启用。

奥巴马还受到好莱坞明星的一致追捧，好莱坞明星在2008年美国总统竞选中的立场格外引人注目。奥巴马赢得了绝大多数好莱坞明星的支持，他们不仅为奥巴马捐出了赞助金，还穿着印有"让奥巴马来改变"的T恤衫上街，在无形之中帮助奥巴马做了宣传。乔治·克鲁尼则是奥巴马的铁杆粉丝，他和奥巴马在一次呼吁民众关注达尔富尔局势的集会上结识并成为好朋友，随后乔治多次为奥巴马做宣传。他还曾在公开场合为奥巴马赢取支持："人人都说这个国家还没有准备好选一名黑人做总统，这真是荒唐可笑。"

人们之所以如此崇拜奥巴马，除了他出色的演讲口才、无与伦比的个人魅力，还与他的政治理想有关。他来自美国底层，通过自己的努力一点点坐上总统的宝座，这些都构成了奥巴马的个人魅力。他的支持者将这些看成上帝送给奥巴马的礼物。奥巴马赢得了他们的支持，并且他们也相信，这个黑人能够给他们想要的生活，能让他们的美国梦重新燃烧起来。

正是因为有了他们的支持，奥巴马才得以在总统竞选过程中屡次创造奇迹。如果没有他们的支持，奥巴马的政治生涯可能会以惨淡的结局收场。在一个又一个的对手赢得了富人的支持时，奥巴马很难与他们相抗衡，好在美国的富人终究只是少数，大多数的美国人还是生活在社会底层。奥巴马正是赢得了大多数人的支持，赢得了他们的认可。他的"一个美国论"激起了无数人的想象，也让无数人开始憧憬那个"没有种族差异，不管是白人，还是黑人，还是其他肤色的人种都是美国人"的全新美国。

他们需要全新的美国，需要一个能够重新让美国走向世界强国的总统。他们讨厌伊拉克战争，讨厌以武力来对付自己的反对者，他们当中有很多底层人渴望着简单又美好的生活，他们渴望生活在一个安宁的国家，没有歧视，没有战争。而他们相信，这些只有奥巴马能够带给他们，也只有奥巴马才能拯救他们，拯救当下的美国。

对任何人来说，支持是一种认可，是一种影响力的传播。没有他人的认可，你的成功就不会有意义，就会缺乏说服力。年轻人更需要这种认可。所以我们要让自己拥有更多的支持者，让自己的理念得到更为广泛的传播。

同样，如果你想得到他人的支持，你就必须全心全意地付出，这就迫使你必须更加专注于自己的理想，在理想的道路上更加投入，而不会因为天生的弱点有所保留。当你失败的时候，你必须想办法去面对，去解决眼前的危机，而不是选择逃避，一旦你逃避了，你的支持者就会对你反感，觉得你不值得得到他们的支持。

真正的支持者是在你无论处于什么样的情景下都会对你表示由衷的支持，即使你失败了，即使你在某一个事情上没有处理到位，他们也会义无反顾地支持你，但他们不希望你逃避，而是希望你振作起来，解决眼前的困难。有了他们的支持，你将会变得更加坚强，更加有动力。所以，我们要感谢那些支持自己的人，感谢他们对你的默默付出，心存感恩之心的人，才能获得更大的成功。

6.再好的竞争，也不如合作双赢

在心理学上有一个互惠关系定律，说的是"给予就会被给予，剥夺就会被剥夺。信任就会被信任，怀疑就会被怀疑。爱人就会被人爱，恨人就会被人恨。破坏就会被破坏，给人好处就会有回报"。

作为一位黑人，奥巴马开创了美国全新的历史格局。自从成功获得总统大选的竞选资格之后，奥巴马就显得与众不同。他的个人气质和能力，以及个人主张都与其他候选人不同。这在他们看来是多么的标新立异。而在奥巴马看来，这个世界上没有不能联合的人，将所有人联合在一起，创造一个全新的美国是他的梦想。

无论是白人，还是黑人，在奥巴马眼里都是美国人。他认为，所有的事件和人物都有共同点，都会有相互交融的地方。他的这种主张与他的对手截然不同，所以在其他人眼里，他就是一个异类，但是美国人还是接纳了他，并给了他展现自己的舞台。他曾在一次演讲中说："虽然我是一个民主党人，但如果一个共和党人或保守主义者，或者信奉自由主义、自由市场的人有更好的见解的话，我很乐于采纳他的意见。"

在很多次演讲中，奥巴马都强调联合，他不止一次在演讲中对公众说："他们说这个国家分裂得太严重了，让人觉得失败，但是作为一个国家，作为一个民族，我们应该改变这一切。"这一切正是奥巴马的黑色皮肤告诉他的。在他的眼里并没有什么白人与黑人，都是美国人。他们的血管里流淌着美国的血液，这就是他们的共同点，他们是生活在美国并受到美国法律保护的美国公民。

在很多场合，奥巴马都在回避他的黑人身份。他不止一次地强调自己是一个地道的美国人，虽然他在印尼长大，但是他的血液里流淌的是美国人所共有的鲜血。奥巴马强化认同、强化共识，他要将美国引向更开放的思潮，让每一个美国人都能拥有更开放的生活。他在告诉人们，人与人之间不应只看到不足，为了更好地合作与发展，要多肯定对方，这样才能相互促进，自己也才能取得更大的进步。正是他的这种态度，才让美国人接纳了他，美国人民淡化了他的肤色，接受了他全新的见解，在他们眼里，奥巴马成了救世英雄，成了带领美国走向繁荣的唯一人选。

奥巴马在一次演讲中，如此说道："我希望所有的美国人联合起来，共同商讨一些问题。所以有时候我会说服那些政见保守的同事，让他们和我一起参与某项议案的立法工作。事实上，我们在日常生活中有很多共同点，如一起打牌，一起喝酒聊天，只是不便在公众场合透露罢了。"

在奥巴马成功当选为美国总统之后，他表现出了一个伟人应有的大度，他邀请之前与他做过殊死之战的敌人加入到自己的团队之中，他希望把美国的优秀人才全部集合起来，而不是因为个人的偏见而有所排斥。

当合作团体取得成功的时候，每一个人都会取得进步，这样的进步会促使每一个成员继续努力奋斗。有对手就会有压力，当别人和你一样成功的时候，你可能会不断地逼迫自己勇往直前，奋力追赶。所以进步就会快得多，别人对你无法构成威胁的时候，你的危机意识就会减少，向前迈进的动力也会少很多。

第一次世界大战期间，德国有一些特种兵，他们的任务是深入敌后，抓俘虏回来进行审讯，获得需要的信息。一旦得到了信息，被抓来的俘虏也就没什么价值了，最终会被杀掉。

当时打的是堑壕战，不管哪一方的大队人马，要想穿过两军对垒前沿的无人区，都是十分危险和困难的。但是，如果让一个士兵悄悄爬过去，溜进敌人的战壕里就容易多了。

当时，参战双方都有执行这种任务的特种兵。双方经常派他们去抓俘虏回来。

有一个非常出色的德国特种兵，以前曾多次成功地完成这样的任务。

这一次，上司又让他出发了，他信心十足，觉得肯定能顺利完成任务。他熟练地穿过两军之间的无人区，顺利潜入了敌军的战壕中。

真是太幸运了，他恰好遇见一个落单的士兵，这个士兵正在毫无戒备地吃东西。德国特种兵悄悄走过去，要抢下这个落单士兵的枪。这个士兵此时手中举着正在吃的半个面包。他一下子被碰触到，不清楚发生了什么事情，只是下意识地把剩下的面包递给了突然闯进来的人。

就是这个下意识的动作，救了他的性命。德国特种兵忽然被这名士兵的行为打动了，这样一个举动让他改变了自己的想法。他没有俘虏这个敌军的士兵，而是自己悄悄爬了回去。他知道这次任务失败了，但是他并没有觉得遗憾。

为什么这个德国特种兵会被一块面包所打动呢？其实，这正是遵循了心理学上的互惠关系定律。人通常都有这样一种心理，就是在得到别人的好处或好意后，会想尽办法找机会回报对方，否则心理上就会过意不去。

正因为如此，虽然德国特种兵从敌方士兵那里得到的只是半块面包，甚至他都没有接过那半块面包，但是他感受到了来自对方的好意。即使这种好意中包含着一种恳求的成分，但这毕竟也是一种好意，是自然而然表达出来的一种好意。就是这个简单的举动在一瞬间打动了他，让他改变了主意。德国特种兵心想：不能把一个对自己存有好意的人抓回去，那样将会要了他的性命。

得到对方的恩惠，就想着要报答的心理是普遍存在的，这是人类社会中根深蒂固的一个心理定律和行为法则。

可惜的是，大多数人看到的只是自己的利益，却没有认识到这一点。在某一方面取得了胜利，但是在另一方面则极有可能会付出同等的代价。目光短浅的人在谈判时只想着不断地索取眼前的利益，而不愿意为长久的发展与谈判与对手长期合作，所以这种博弈的结果往往不是你输，就是我输，最终也只能是"零和"。

"双赢"则是指一种互相妥协与合作的理念，谈判者不仅看到了眼前利益，还看到了长远利益；不仅看到了自己的利益，还充分考虑到了他人的利益。这样的谈判者在与他人谈判时，就会综合考虑，本着利己也利人的原则去沟通，最终达成"双赢"的局面。将对手变成自己的朋友，势必会壮大自己的力量，使自己走向成功。

第九章

『别把每件事太往心里放，笑对世事纷扰』

人们会因为一些奇怪的事情感到被侵犯。就拿Kendrick Lamar这个夏天备受争议的歌曲Control为例：他在歌词中挑衅了一些他认为比他弱的说唱歌手（的确是这样），一石激起千层浪，整个说唱界的歌手都蜂拥录歌作为回击。重点在于，所有的人都认为自己是最好的说唱者，每个人都更看重自己，这就是他的目的所在。这件事教给我们：不是所有的事都要围着你转，如果你是玻璃心，有人就会利用这一点。

1.压力像弹簧，你弱它就强

要想有所作为，要想过上更好的生活，就必须去面对一些常人所不能承受的压力。你得像古罗马的角斗士一样去勇敢地面对它、战胜它，这是你必走的第一步。车尔尼雪夫斯基也说："人最宝贵的东西是什么？是生活压力。大大小小的压力，是成功最好的动力。"

1997年，身为民主党人士的奥巴马到伊利诺伊州的首府斯普林菲尔德上任，发现这里的一切对自己而言，简直是一场噩梦。当时在参议院中，共和党席位占有绝对优势，对议会拥有毫无疑问的控制权，奥巴马和其他民主党议员一样，根本没有什么话语权，甚至没有机会对最温和的修正案进行讨论，更不用说通过议案了。尽管他们对此发出了抱怨和谴责，但也于事无补，只能眼睁睁地看着共和党通过了大型企业税收优惠政策。结果，这一政策导致普通工人的经济压力瞬间增大，社会服务也被削减。

民主党党团会议上空笼罩着一股难以抑制的愤怒情绪，奥巴马感觉压力如山。那种充斥在政界的背地里的钩心斗角让人心力交瘁，换作别人或许早就不堪重负，选择递交辞呈退出了。

面对空前的压力，只是个小角色的奥巴马表现出了强大的韧性。他很清楚政治就如同一种依靠全身运动和协作的运动比赛，不会因为一些过激的动作而被判犯规。这种对政治的清醒认识，使得他没有被困难和压力轻易击倒。

他没有放弃追逐自己的梦想。他很乐意同人结盟，甚至与最保守的同僚们一起起草法案，还会借助一起打扑克、喝啤酒的机会发现这些人在某些问题上不愿被人察觉的共识。渐渐地，他发现选民们对扭曲事实、相互诋毁谩骂、只会用冠冕堂皇的话来解决复杂问题的现象极其厌恶。于是，他找到了一种缓解压力的方法：与选民直接对话，找到问题的根源，向选民坦白问题的真相。就这样，奥巴马一步步地走过了重压下的艰难时期，在斯普林菲尔德地区赢得了良好的口碑。

2008年总统大选期间，奥巴马的抗压能力同样得到了淋漓尽致的表现。在与希拉里的一次辩论中，奥巴马说："如果我当选，我会同伊朗、朝鲜等国家的领导人举行无条件的会谈。"这句话很快在美国政界中占据优势的犹太人中引起了轩然大波。他的对手也趁机大肆批评，指责奥巴马缺乏经验、有勇无谋，试图借此机会把他彻底击败。就连时任美国总统的小布什也批评了奥巴马。当时小布什正出访以色列，他暗地里批评奥巴马不应该有和激进分子进行谈判的打算，更认为此举将会对美国构成伤害。他还说，很多历史遗留问题的解决关键，不在于简单地通过巧言善辩来处理，不能让美国再次丢失颜面。

一瞬间，奥巴马的压力变得空前沉重，但他并没有退缩，反而燃起了更大的前行动力和决心。他首先针对小布什的批评迅速进行还击，声明自己并没有和那些恐怖分子谈判的计划，并且指责身为总统的小布什干涉国内选举的举动是不合适的。为了迎合和争取犹太人的支持，奥巴马宣称耶路撒冷是以色列不可分割的首都，并且与自己过去的外交顾问布热津斯基分道扬镳。布热津斯基的反犹言论曾让奥巴马陷入了争议的旋涡，陷入了被动。这一系列快速有效的应对措施，帮助奥巴马安然渡过了危机，人们也由此看清了他的执政态度。

把抗拒压力的过程转化成自我推销和拯救，甚至是绝地反击的过程，恰恰是奥巴马与普通人的区别。他善于化压力为前行的动力，积极寻求解决问题的办法，让选民们看到他敢于拼搏、迎难而上的乐观精神，看到他不轻易服输、积极的人生态度，最后甘心为他投上一票。

在美国大选后期，尽管奥巴马已经逐渐确立了自己的优势，但外界对他的质疑一直没有停止过，因为摆在他面前的还有许多棘手的问题：小布什卸任后遗留下的烂摊子，过去8年美国国际形象的衰退，金融危机带来的一系列负面影响……

面对这些常人无法想象的巨大压力，奥巴马依然没有退缩和放弃，他不仅接下了这个烫手山芋，还大胆进行了改革，重新整合和调整了机构和组织设置。正是他的耐心和坚持，使得他的美国梦得以散发出光彩。

美国麻省的艾摩斯特学院曾经做过一个很有意思的实验。

实验人员用很多铁圈把一个小南瓜整个箍住，然后观察当南瓜逐渐长大时，它能够承受铁圈多大的压力。最初他们估计南瓜最大能够承受大约500磅的压力。在实验的第一个月，南瓜承受了500磅的压力；实验进行到第二个月时，这个南瓜承受了1500磅的压力；当它承受到2000磅压力时，研究人员必须把铁圈捆得更牢，以免南瓜把铁圈撑开。最后整个南瓜承受了超过5000磅的压力，瓜皮才破裂。

最后实验人员把这个南瓜和其他南瓜放在一起，试着一刀剖下去，看看其质地有什么不同。当别的南瓜都随着手起刀落噗噗地打开的时候，这个南瓜却把刀弹开了，把斧子也弹开了，最后这个南瓜是用电锯锯开的，它果肉的硬度差不多相当于一株成年树的树干！因为在试图突破铁圈包围的过程中，这个南瓜进行了全方位的伸展，吸收了充分的养料，最终果肉变成了坚韧牢固的层层纤维。

南瓜都能够承受如此庞大的压力，那么我们人类又能够承受多少压力呢？南瓜试验告诉我们，大多数的人能够承受的压力往往超过自己的预期。同时也说明，只要我们积极应对，人们的承受力将会是潜力无限的。

如果能够用积极的态度和行动去应对压力，就能将压力化为成长的张力。

奥巴马对女儿说，压力不是什么大不了的事情，关键是我们如何看待。在压力面前，勇敢地去面对，并能把压力化作为动力，在压力的不断鞭策下，迫使自己不断前进，压力就成了成功的催化剂。我们要想在激烈的职场竞争中取胜，在工作的方方面面做到精益求精，就必须学会与压力共存。

从某意义上来说，我们需要好好感激压力。只要是自己能够承担的压力，那么就不妨在一段时间内，让压力来得更加猛烈些吧！像铁圈下的南瓜一样承受压力，敢于负重，勇于负重，善于负重，我们会因这近乎残酷的负重洗礼而变得更加强大，实现从焦虑到安然，从平庸到成功的跨越。

有一天，拿破仑骑马穿过一片树林，忽然听到了一阵急促的呼救声。于是，他朝着发出叫喊声的湖边跑去。原来是一名士兵落入了水中，只见他一面挣扎，一面向湖中心漂去，距离岸边已有40多米。岸上几个士兵慌作一团，无可奈何地呼喊着，因为他们当中谁也不会游泳。

拿破仑赶来问道："他会游泳吗?"

一个士兵回答说："会一点儿，可现在不行了，漂到深水里，刚才喊救命呢。"

拿破仑听后，随即从侍卫手里取过一支手枪，并大声朝落水的人喊道："喂，你还在湖中游什么，赶快回来！再往前去，我就开枪打死你！"说完，果然朝那人的前方开了一枪。

落入水中的士兵也许是听到了岸上威胁的话语，也许是听到了前方子弹入水的响声，吓坏了。他猛地回转身来，拼命扑通扑通地划着，居然很快就向岸边靠近了。

无独有偶，拿破仑在历史上还有一次更著名的"要脑袋"事件。

一次在行军途中，拿破仑带领先遣部队和一位工程师先到前面探路。

他们来到了一条河边，河上没有桥，但部队又必须迅速通过此河。

拿破仑就问工程师："告诉我，河有多宽？"

"对不起，陛下。"工程师回答道，"我的测量仪器都留在后面的部队里，他们离我们还有十英里远。"

"我要你马上量出来。"

"这做不到，陛下。"

"我命令你马上给我量出河宽，不然我要你的脑袋！"

于是，工程师很快想了一个办法：他脱下帽子，让帽檐和他的眼睛，还有河对岸的一点正好在一条直线上。然后，他小心地保持身体的直立，不断地向后退，等到三个点刚好在一条直线上时，他就停了下来。他把自己所处的位置标好，接着用脚量出前后两点的距离，经过一番计算，得出了结果。然后，他对拿破仑说："这就是河流大概的宽度。"拿破仑大为高兴，马上提升了他的职务。

如果你曾做过弹簧试验，就会发现静止的弹簧是毫无力量的，相反，你施加的压力越多，它向上的弹力就会越强。事实上这种"弹簧效应"在生活和工作中也随处可见，尤其表现在当你承受压力时，你是否有过这样的经历，愈是面对挑战，愈会迎难而上；愈是竞争激烈，愈能激发潜能。这就是压力的魅力所在。

由此可见，压力不是洪水猛兽，我们无须畏惧，但它又是无法避免的，几乎伴随着每个人的成长历程。我们要学习奥巴马面对压力时的态度，敢于迎难而上，努力让自己成为生活的真正强者。

2.你可以被打败，但不能被打倒

任何一个成功人士走过的路都不是平坦的，尽管他们比普通人经受的挫折多，但他们永不言败、永不服输的精神，让他们走到了最后。所以，我们不能把眼光拘泥于挫折的痛感之上，而应该总结失败中的经验和教训，从中找到属于自己的东西，才能将失败化为成功的因素。

任何成功的取得，都不可能是一帆风顺的，只有那些经历过失败，并且迅速站起来的人，才能够最终摘得成功的果实。虽然人人都曾有过远大的理想、长远的目标，但是很多人禁不住失败的鞭打，挡不住暴风雨的侵蚀，最后只得放弃自己的梦想。这类人很可悲，他们没有正确地对待失败和挫折。

如果你想成为一个成功者，那么首先你必须是一个饱尝失败的人。这话听起来似乎很矛盾，但却是一句至理名言。尽管我们多数人都可能没有意识到这一点，或者说仅仅是从书本的那些干瘪理论中机械性地记住了这一点，但失败的确和成功联系密切，在很多情况下，失败甚至比成功更具有价值。

1864年9月3日这天，寂静的斯德哥尔摩市郊，突然爆发出一声震耳欲聋的巨响，滚滚浓烟霎时冲上天空，一股股火焰直往上蹿。

仅仅几分钟时间，一场惨祸发生了。当惊恐的人们赶到现场时，只见原来屹立在这里的一座工厂只剩下残垣断壁，火场旁边站着一位30多岁的年轻人，突如其来的惨祸使他面无人色，浑身不停地颤抖着。

这个大难不死的青年，就是后来闻名于世的弗莱德·诺贝尔。诺贝尔眼睁睁地看着自己所创建的硝化甘油炸药实验工厂化为了灰烬。人们从瓦砾中找出了5具尸体，4个是他的亲密助手，另一个则是他在大学读书的小弟弟。5具烧焦的尸体，令人惨不忍睹。诺贝尔的母亲得知小儿子惨死的噩耗，悲痛欲绝，年迈的父亲因大受刺激而引发脑出血，从此半身瘫痪。然而，诺贝尔在失败面前却没有选择放弃。

事情发生后，警察局立即封锁了爆炸现场，并严禁诺贝尔重建自己的工厂。人们像躲避瘟神一样地避开他，再也没有人愿意出租土地让他进行如此危险的实验。但即使这样也并没有使诺贝尔退缩。几天以后，人们发现在远离市区的马拉仑湖上出现了一艘巨大的平底驳船，驳船上并没有装什么货物，而是装满了各种设备，一个年轻人正在全神贯注地进行着实验。他就是在爆炸中死里逃生，被当地居民赶走了的诺贝尔！

无畏的勇气往往令死神也望而却步。在令人心惊胆战的驳船里，诺贝尔依然持之以恒地实验，他从没有放弃过自己的梦想。

皇天不负有心人，他终于发明了雷管。雷管的发明是爆炸学上的一项重大突破，随着当时许多欧洲国家工业化的加快，开矿山、修铁路、凿隧道、挖运河等需要雷管。于是，人们又开始亲近诺贝尔。他把实验室从船上搬迁到斯德哥尔摩附近的温尔维特，正式建立了第一座硝化甘油工厂。接着，他又在德国的汉堡等地建立了炸药公司。一时间，诺贝尔的炸药成了抢手货，诺贝尔的财富与日俱增。

然而，初试成功的诺贝尔，好像总是与灾难相伴，不幸的消息接连不断地传来。在旧金山，运载炸药的火车因震荡发生爆炸，火车被炸得七零八落；德国一家著名工厂因搬运硝化甘油时发生碰撞而爆炸，整个工厂和附近的民房变成了一片废墟；在巴拿马，一艘满载硝化甘油的轮船在大西洋航行途中，因颠簸引起爆炸，整个轮船葬身大海……

一连串骇人听闻的消息再次使人们对诺贝尔望而生畏，甚至把他当成瘟神和灾星。随着消息的广泛传播，他被全世界的人所诅咒。

　　面对接踵而至的灾难和困境，诺贝尔没有一蹶不振，他身上所具有的毅力和恒心，使他对已选定的目标义无反顾、永不退缩。在奋斗的路上，他已经习惯了与困难朝夕相伴。

　　无畏的勇气和矢志不渝的恒心最终激发了他心中的潜能，他最终征服了炸药，吓退了死神。诺贝尔赢得了巨大的成功，他一生共获专利发明权355项。他用自己的巨额财富创立的诺贝尔奖，被国际学术界视为一种崇高的荣誉。

　　海明威的《老人与海》里有这样一句话：你可以被打败，但不能被打倒。没错，坚持就是这样，只要我们相信它、坚信它，它就不会让我们失望；只要我们不抛弃它、不对它放手，它也不会抛弃我们，会一直引导我们走向成功的巅峰。

　　其实，失败并不可怕，它只是给我们一个机会，让我们可以认识到自己的不足，从而为下一次成功积蓄更多的力量。这世间到处都是和我们一样刚刚起步的人，任何一个瞬间都是许多种结果的开始。难道刚遇到困难、障碍物、绊脚石，我们就借口徘徊不定、裹足不前了吗？

　　诚然，在遭受打击的时候，我们有时会有种被击昏的感觉，感觉自己要投降了，要认命了，要逃跑了。其实，这种感觉只不过会持续那么一小会儿。当我们看到眼前出现了新的事物，哪怕只是窗户前绿油油的盆栽，透过窗户吹进来的徐徐微风，也会有种重新奋进的勇气。

3.把辱没当成一种力量

当尊严被人践踏，能力被人质疑时，有人会因此一蹶不振，认为自己永远不可能再有出头之日。但也有人把辱没当成一种力量，激励自己不断奋发向上，用出色的成绩向辱没自己的人证明，自己不是一个弱者。

在整个竞选过程中，由于奥巴马的一些政策触及了某些特权阶层，于是对手便找到了打击他的机会——这些人利用自己的人脉使奥巴马在某些州的得票率大大下降，导致奥巴马在这些州落败。不仅如此，还有些极端分子高举反奥标语到奥巴马的办公地点高声抗议："奥巴马滚蛋！我们不需要奥巴马！"

面对失败和抗议声，奥巴马处变不惊，他微笑着安抚竞选队员："没有什么大不了的，这就是竞选，我们必须面对。"在与希拉里争夺民主党候选人资格时，奥巴马在一个原本胜券在握的州失利，使得原本远远落后于自己的希拉里大大缩短了与自己的差距。对此，他的竞选团队沮丧不已。但奥巴马并没有在意，反而迅速地从失利中脱身而出，并对自己的助手说："伙计们，我们没有时间把精力浪费在这场失利的竞争上，现在，我们得赶紧准备下个州的计划书。"

木秀于林，风必摧之；行高于人，众必非之。一棵树长得比其他树木高，风首先吹断的必然是这棵树；具有才能、地位比较突出的人，往往成为他人争相攻击的对象。

一些人喜欢对比自己优秀的人进行诋毁和诽谤，还有一些人更恶劣，喜欢对不如自己的人进行嘲笑甚至侮辱，以此显示自己的优越性，获得心理上的快感，也就是通常人们所说的"把自己的快乐建立在别人的痛苦上"。

面对诽谤和侮辱，在奥巴马看来，自己既要有超然面对的心态，更要有超越它的勇气。如果能脚踏实地、扎扎实实地痛下苦功，就能在这其中得到益处。

美国大学生库帕是一名无线电爱好者。他在毕业后，一直找不到工作，就在快要没钱吃饭时，他选择了去乔治的公司面试。乔治是一名资深的无线电从业人士，如果能接纳库帕，库帕势必会学到许多无线电的知识，并且能够摆脱眼前困境。

当库帕怀着既兴奋又忐忑的心情敲开乔治办公室的门时，他正在专心研究无线电话，也就是我们现在使用的手机。库帕礼貌地向心中的偶像介绍自己："尊敬的乔治先生，我极其想成为您公司的一员，如果您能让我留在您的身边做助理，我将万分荣幸……"

库帕的话还没讲完，便被乔治粗暴地打断。乔治用不屑的眼神审视库帕："请问你毕业多久了？从事无线电又有多长时间？"

库帕坦率地回答："我是今年刚毕业的学生，之前没干过无线电工作，但是我是真的很喜欢这份工作……"

乔治再次粗暴地打断了库帕："小伙子，我看你还是回去吧，我并不认为你能帮到我什么，请你不要耽误我的时间。"不服输的库帕还想继续与之谈一谈，但乔治却毫不留情地再次下了逐客令。

1973年的一天，在纽约街头，一个年轻人将一个约有两块砖头大小的无线电话放在耳边，微笑地说着什么。这个年轻人就是马丁·库帕——手机的发明者，美国摩托罗拉公司的工程研究人员。那一天，库帕正手拿着无线电话，微笑着跟乔治通话。

乔治怎么也想不到，昔日被自己拒之门外毫不起眼的小伙子竟然在自己之前研制出了手机。很快，手机便成为人们日常生活中越来越离不开的通信工具，而马丁·库帕也在一夜之间为人们所熟知。

记者在采访马丁·库帕时问："如果当初您被乔治雇用，一定会协助乔治完成手机的研制，而这一成就和荣誉就会变成乔治的，对不对？"

马丁·库帕摇头，回答说："不，如果当初乔治雇用了我，我成了乔治的助手，也许我永远也研制不出手机来。正因为他拒绝了我，断了我向他学习的念头，我才下定决心找出一条研制手机的道路。很庆幸，我找到了。那条道路的名字就叫辱没，我将乔治对我的辱没化作前进的动力，这动力让我成功了。"

库帕是倔强而坚强的，他没有因别人的轻视而自惭形秽，也没有因别人不给自己机会而潦倒落魄。他的坚强和努力最终让曾经辱没他的人看到了他的强大。

在辱没中艰难前行并最终成功的人是最不容易被打败的，他们将源源不断地为自己以及他人创造价值。当然，这样的人也是令人敬佩的，毕竟不是每个人都能将辱没当成是一种力量。

美国女国务卿赖斯的奋斗史颇具传奇色彩，短短二十多年，她就从一个备受歧视的黑人女孩成为著名的外交官员，奇迹般地完成了从丑小鸭到白天鹅的嬗变。有人问她成功的秘诀，她简明扼要地说，因为我付出了"八倍的辛劳"。

赖斯小的时候，美国的种族歧视还很严重，特别是在她生活的伯明翰，黑人地位低下，处处受白人欺压。赖斯十岁时全家到首都游览，却因身份是黑人，不能进入白宫参观。小赖斯备感羞辱，凝神远望白宫良久，然后回身一字一顿地告诉父亲："总有一天，我会成为那房子的主人！"赖斯的父母很赞赏她的志向，就经常向她灌输这样的思想：改善黑人状况的最好办法就是取得非凡的成就，如果你拿出双倍的劲头往前冲，或许能赶上白人的一半；如果你愿意付出四倍的努力，就可以跟白人并驾齐驱；如果你愿意付出八倍的辛劳，就一定能赶在白人前头。

为了能"赶在白人前头"，她数十年如一日，以超过白人"八倍的辛劳"发奋学习，积累知识，增长才干。普通美国白人只会讲英语，她却除母语外还精通俄语、法语、西班牙语；白人大多只是在一般大学学习，她则考进名校丹佛大学并拿到博士学位；普通美国白人26岁可能研究生还没有读完，但她已经是斯坦福大学最年轻的教授，随后又出任了斯坦福大学历史上最年轻的教务长；她不仅会弹钢琴，而且还曾获得美国青少年钢琴大赛第一名。此外，她还精心学习了网球、花样滑冰、芭蕾舞、礼仪，白人能做到的她都要做到，白人做不到的她也要做到。最重要的是，普通美国白人可能只知道遥远的俄罗斯是一个寒冷的国家，她却是美国国内数一数二的俄罗斯武器控制问题的权威。天道酬勤，"八倍的辛劳"带来了"八倍的成就"，她终于脱颖而出，一飞冲天。

奥巴马对女儿说：侮辱并不可怕，对那些恶意中伤、侮辱你的言语和行为，你要以此为契机，激励自己不断进取，只有做得更好，做出更大的成绩，才是让诽谤者闭嘴的最好方式，也是对那些侮辱你的人的最好回应。

如果你正在经受别人的辱没或嘲笑，并觉得无法忍受，就想一想那些从丑小鸭变为白天鹅的成功人士的亲身经历吧。人无完人，谁都保不齐会因为某方面的弱点而成为别人嘲笑的对象，不要为此耿耿于怀。只要努力将自己的事情做好，努力将自己的优势发挥出来，终有一天，辱没过你的人会在你面前自惭形秽。

4.既然错过了星星，就别再错过月亮

很多人将奥巴马的成功归功于幸运，事实上这样想对奥巴马是极其不尊敬的。诚然，在竞选的过程中奥巴马在一定程度上受到了幸运女神的光顾，但是他的实力、他大丈夫的精神才是他获得成功的主要原因。他不会因一时的不如意而让自己陷入颓废的境遇，似乎那些对他来说并不算什么。他总是能很适宜地转化自己的心情，让自己更好地从那些烦恼中走出来。

奥巴马虽然有着出色的个人魅力，有着无与伦比的演讲口才，但是在他的竞选途中并不是没有遇到过挑战，但他选择了沉着面对，并不会因为这些事影响到他的整个布局。正如奥巴马所说："我经常会想起以前的一些经历，想起那些失败。虽然当时十分惨痛，但我总是对自己说，忘掉它吧。不忘了它，我就无法前行。"

对于奥巴马的这种行为，一位曾多次采访过奥巴马的记者说过一段令人记忆深刻的话。他说："我跟踪采访奥巴马很多年，常常有机会拍下他静静思考的画面。虽然那时候他还不像现在这样有名，但是他的才华已经显露出来，慢慢地参与到美国庞大的政治体系当中。我知道早些年他经历的失败远比现在要多，可是你却很少看到他脸上现出忧郁的表情，第二天他总是会精神抖擞地参加下一场战斗。从那时起，我就觉得奥巴马是个能成就大事的人。"

保罗博士在纽约市一所中学任教，他曾给他的学生上过一堂难忘的课。这个班的大多数学生有一个共同点，那就是为自己过去的成绩而感到不安。他们总是在交完考卷后充满忧虑，担心自己不能及格，以至于影响下一个阶段的学习。

一天，保罗在实验室里讲课，他先在桌上放了一瓶牛奶，接着沉默不语。学生们不明白这瓶牛奶和所学的课程有什么关系，只是静静地坐着，望着老师。保罗忽然站了起来，一巴掌把那瓶牛奶打翻在水槽里，同时大喊了一声，然后说道："不论你们怎样后悔和生气，都没有办法把它取回。你们要是事先想一想，加以预防，那瓶牛奶还可以保住，可是现在晚了，我们现在所能做到的，就是把它忘记，不再犯同样的错误，然后集中精力去做下一件事情。"

生活中，很多人会为自己已经做错的事情后悔、难过、悲伤，虽然他们也可能知道于事无补，但还是因此而情绪低落、消沉。甚至影响了自己今后的生活。正如泰戈尔说过："当你为错过星星而伤神时，你也将错过月亮。无论你是快乐还是痛苦，生活是不会因此而放慢脚步的。"可以说，这是古今中外聪明人共同的智慧。

不要为打翻的牛奶而哭泣。这句话所包含的哲理是非常丰富深刻的。过去的已经过去，历史就如黄河之水天上来，奔流到海不复回，无法重新开始，不能从头改写。为过去哀伤，为过去遗憾，除了劳心费神，分散精力，对人没有一点好处。沉溺于过去的错误之中，只会让你的情绪变得消沉，无论对于事业还是生活，都是一大障碍。人生的漫漫征途上，总会伴随许多困难、挫折，重要的不是我们失去了什么，而是我们学会了什么，得到了什么。我们每做一件事情，都会得到经验和教训，经验固然可贵，教训也是不容忽视的。我们不能沉湎于教训的打击中，我们还要前进。为此，我们心中要有这样一种心态：不为打翻的牛奶哭泣！

瑞典电影大师英格玛·伯格曼在一生中拍摄了很多经典的影片，被电影行业公认为是世界上最具影响力的导演之一。

然而伯格曼曾经在自己的一本书中谈到过这样一件事。

那是在1947年，刚刚从事导演工作不久的他执导了一部新片，片名是《开往印度的船》。他和他的同事在这部电影中倾注了大量的心血，他们夜以继日，不停地修改剧本、寻找场地，尽可能地拍摄出他认为最好的镜头……终于，《开往印度的船》的拍摄工作全部结束了。当时还很年轻的伯格曼自我感觉棒极了，他毫不怀疑地认为这部作品是一部杰作，他要求剪辑影片的同事："不准剪掉其中任何一尺。"连试映都没有进行，他们的影片就匆忙首映了。结果拷贝出了严重的问题，当时的情况糟透了！所有人都感到十分失望，伯格曼那天几乎都想哭出来。

在后来的酒会上他喝得不省人事，第二天早晨在一幢公寓门口的台阶上醒来。醒来后他随手买了一张当天的报纸，报纸上充满了对那部电影的批评，惨不忍睹。这时候他最好的朋友走了过来，微笑着递给他一杯咖啡，对他说了一句话："朋友，起来吧，明天还会有报纸。"

伯格曼苦笑着接过咖啡，点了点头，没有说话。在后来的工作中，他吸取教训，只要有空就去电影制作的各个部门学习，渐渐学会了录音、冲片、印片等与电影摄制相关的一切工作，还彻底弄懂了摄影机和镜头使用的相关知识。从那以后，再没有技术人员可以欺瞒他，他全面的电影制作知识使他可以在电影中充分表达自己想要的效果，一代电影大师就这样成长了起来。

明天，太阳还会升起，我们也总会有机会再次证明自己的能力，赢得他人的肯定。所以，只要自己不倒，就没人能打倒你。永远不要绝望，只要自己的信心和希望还在，我们就有重新开始的机会。

奥巴马对女儿说：记住，被打翻的牛奶已成事实，不可能重新装回瓶中，我们唯一能做的，就是吸取教训，改正错误，不再重蹈覆辙，然后忘掉这些不愉快。

聪明的人常以乐观的心态来看待失败和错误，他们不让过去的失败和错误影响自己现在的情绪，他们知道已经发生的是无法改变的事实，唯有勇敢地面对它，冷静地分析过去的失误和原因，吸取有用的教训，重新投入到新的事情中去，避免再出现类似的错误。愚蠢的人会为过去的错误而烦恼，并长时间地陷入其中不能自拔，但是于事无补，除了带来坏心情之外，毫无其他意义可言。

5.做一个向日葵一样的人

某一天，奥巴马发现小女儿萨莎看上去心情不好，即使是跟随父亲刚参加完点亮圣诞树活动和新年音乐会这些她很喜欢的活动，她还是一脸闷闷不乐的样子。回到家里，萨莎看到宠物狗"波"才有点微笑的模样。

奥巴马很担心，问起她原因。萨莎皱着眉头告诉爸爸，自己也不知道为什么，最近总是快乐不起来，烦心的事情太多了。奥巴马抱起萨莎，告诉她："孩子，保持愉快心情才会漂亮，你要让自己做一个向日葵一样的人。"

奥巴马认为，在任何时候，都应该保持愉快的心情。良好的心情对健康有所帮助，同时还能提高我们的工作效率。当然，在生活、工作或者学习中我们总会遇到这样那样的不愉快，它们破坏了心情，影响了生活。但是，我们必须控制自己的情绪，保持良好心情的"砝码"就在你的手中。

奥巴马是这样认为的，也是这样做的。

美国总统是风险很高的职业，历史上美国总统遇刺比例居各国之首。但是，当奥巴马面对接二连三的诽谤和中伤时，他保持了冷静；当他面对不少于500次的死亡威胁的时候，他丝毫不惧，签名的时候照样用选民递交的笔，照样在公开场合露面……在奥巴马的心里，同样有烦躁和恐惧，然而，他会将这些情绪牢牢控制住，绝不会在民众面前展现出失控的状态，让自己的形象大打折扣。

情绪就是我们的影子，不能控制它的人，势必会让其制造各种不必要的麻烦。你要控制自己的情绪，否则你的情绪便控制了你。做情绪的主人，我们就必须向奥巴马学习。

对于情绪，每一个人都不会陌生。人的一生中，总会遇到各种小波折，它们让你纠结，让你迷茫，让你对眼前的一切感到失望。尤其是年轻人，当遇到各种问题时，情绪波动会更加明显。但是，生气归生气，我们不能任由这种情绪随意发展，而是应当学会控制和调整，做生活的主人，做情绪的主人。

有一天，拿破仑·希尔和办公大楼的管理员发生了一场误会。这场误会导致他们两人互相憎恨，甚至演变成激烈的敌对关系。

这位管理员为了显示他对拿破仑·希尔的不悦，当他知道整栋大楼里只有拿破仑·希尔一个人在办公室中工作时，他马上把大楼的电灯全部关掉。这种情况一连发生了几次，终于，忍无可忍的拿破仑·希尔打算进行反击。

一个星期天，机会终于来了。拿破仑·希尔正在办公室里准备一篇预备在第二天晚上发表的演讲稿，当他刚在书桌前坐下时，电灯熄灭了。

他马上跳起来，奔向大楼地下室——他知道在哪儿能够找到这位管理员。当他到达那儿时，他发现管理员正忙着把煤炭一铲一铲地送进锅炉内，同时一面吹着口哨，似乎没有发生任何事情。

拿破仑·希尔马上对他破口大骂。在长达5分钟的时间里，他都以常人难以忍受的言语对管理员进行污辱谩骂。

最后，拿破仑·希尔实在想不出什么骂词了，只好放慢了速度。这时

管理员站直身体, 转过头来, 脸上露出开朗的笑容, 并用一种充满镇静的柔和声调说道:

"你今天晚上有点儿激动, 不是吗?"

这句话就如一把锐利的短剑, 一下刺进拿破仑·希尔的身体。

站在拿破仑·希尔面前的管理员既不会写也不会读, 是一位地地道道的文盲, 然而就是这个文盲却在这场战斗中打败了拿破仑·希尔, 更何况这场战斗的场合以及武器都是拿破仑·希尔自己挑选的。

拿破仑·希尔明白, 他不仅被打败了, 更可怕的是他是主动的, 而且是不对的一方, 这一切只会增加他的羞辱感。

后来拿破仑·希尔转过身子, 以最快的速度回到了办公室。他再也没有心思做其他事情了。当拿破仑·希尔把这件事反省了一遍之后, 他马上察觉到是自己不对。

在意识到自己的错误后, 拿破仑·希尔知道要使自己的内心平静下来的办法只有一个, 就是向管理员道歉。最后, 他花费了很长的时间才下定决心, 决定到地下室去遭受羞辱。

拿破仑·希尔来到地下室后, 把那位管理员叫到门边。

这时, 管理员用平静、温和的声调问道: "你这一次又想要干什么?"

拿破仑·希尔告诉他: "我是回来向你道歉的, 倘若你愿意接受的话。"

管理员脸上又露出了那种微笑, 他说: "凭着上帝的爱心, 你不用向我道歉。除了这四堵墙壁, 以及你和我之外, 再没有其他人听见你刚才所说的话。我不会把它说出去的, 我知道你也不会说出去的, 所以, 我们干脆就把此事忘了吧。"

这段话对拿破仑·希尔所造成的触动更甚于他第一次所说的话, 因为他不但表示愿意原谅拿破仑·希尔, 还愿意帮拿破仑·希尔隐瞒此事, 不使它宣扬出去, 以免对拿破仑·希尔造成伤害。

拿破仑·希尔向他走过去, 抓住他的手使劲握了握。他明白, 自己不仅是用手和他握了手，更是用心和他握了手。

在走回办公室的途中，拿破仑·希尔感到心情非常愉快，因为他终于鼓起勇气，改正了自己做错的事。

在这件事发生之后，拿破仑·希尔下定了决心，以后绝不再失去自制。因为一旦你失去自制之后，别人就能够毫不费力地将你打败。

你无法选择天气，但可以选择心情。生活中有挫折、有烦恼，一个内心强大的人，不是没有消极情绪，而是他善于调节和控制自己的情绪，能将负能量拒之门外。

我们生活在这个瞬息万变的社会中，情绪如同变化的天气，也在不停地变化着。当你的情绪处于进取的状态时，你浑身散发出大量的正能量，自信、快乐、兴奋，让你的能力源源不断地涌进；当你的情绪处于低落期时，负能量便不请自来，沮丧、恐惧、悲伤、烦躁使你浑身无力。

美国有两位心理专家曾经针对一些上班族做过调查，结果有70%以上的人都承认，他们在办公室中曾经有过愤怒、焦虑、哭泣、哽咽的情况。他们负面情绪的引发原因和表现形式多种多样，但是归根结底，都是因为无法良好地控制情绪而使自己受到很大的伤害和损失。

其实，在生活中，我们应该做一个像"向日葵"一样的人。像向日葵始终追寻着阳光的方向一样，永远对生活保持着高度热情，兴致高昂，勇于改变，对新鲜事物保持足够的好奇。

如果一个人学会了控制自己的情绪，就能随意地进入生龙活虎的状态——乐观、自信、兴奋、充满活力，你就能控制局势，就能把握自己的人生。

6.没有批评的声音，你该如何成长

在我们成长的过程中，失败是在所难免的，但每一个人在面对失败时的表现决定了他在社会中最终会处于什么样的位置。有的人会在失败中吸取教训，找到一条制胜的道路；有的人则一意孤行，打死也不肯承认自己的错误，当有人给他指出的时候，不仅不能理智地接受，还会将别人奚落一番。试想这样的人，如何才能获得成功呢？

世上没有绝对的完人，每一个人都有自己的不足之处。当别人给我们指出，或是因为犯错而遭到批评的时候，要虚心地接受，认识到自己的不足，进而加以改善。如此不仅能从他们那里学习到成功的经验，而且还会提高自己的能力，让自己不再犯同样的错误。

1996年，奥巴马以出色的个人才华和高效的立法效率连任三届伊利诺伊州参议员。这在当时以共和党为主的伊利诺伊州参议院里是个极为罕见的特例。究其原因，奥巴马在自己第一、第二任期中平均每年完成14个议案的立法推动工作，而在第三年中，由他提出或共同提出的60项法案中更有11项被批准。同时，奥巴马积极向共和党议员表示友好。他这种较少党派痕迹的立法建议，为他争取了不少的跨党支持。正是这些跨党支持，使得奥巴马不久便出任州参议院健康与公共事业委员会主席一职，仕途从此一马平川。

家庭幸福、事业有成是每一个人的梦想，但奥巴马的抱负却不止于此。2000年奥巴马的第一个孩子玛利亚出生，但这并未止住奥巴马前进的脚步。随着政绩的不断扩大，奥巴马将眼光投向了芝加哥市长的宝座。但权衡利弊后，奥巴马决定放弃，转而与鲍比·拉什竞选国会众议员民主党提名。当时，很多老政客并不看好奥巴马。虽然拉什曾经以黑豹组织成员的身份公开表示支持"携枪自卫法案"，正是这个法案致使美国社会枪击事件和刑事案件居高不下，使他受到了民众的广泛质疑，国会议员的席位也岌岌可危。但拉什毕竟是政坛老手，他拥有奥巴马所没有的丰富的从政经历。而且同样身为黑人，拉什是曾经的黑豹组织的头目，具有广泛的人脉，黑人社区有很多人都支持他。奥巴马与他竞争几乎没有任何优势。身为新秀的奥巴马并未听取这些老政客的建议，反而更加坚定了他与鲍比·拉什抗衡的决心。

但幸运女神这一次并未光顾奥巴马。就在奥巴马思考如何为了争取黑人支持而调整策略的时候，却传来拉什的儿子因枪击案丧命的消息。这一戏剧性的事件，把拉什从一个枪支法案的坚定支持者推到了老年丧子的悲剧角色。人们在同情拉什之余，也忘了再去评判"携枪自卫法案"的对与错。为此奥巴马丧失了打败政敌的最有力的武器。而正当竞选工作陷入窘境的时刻，奥巴马因为女儿玛利亚生病而错过了一个以限制枪支使用、由时任州长乔治·瑞安牵头提出的"邻里安全法案"。公众对一直以枪支管制为核心政纲的奥巴马此次缺席提出了激烈批评。这些原因致使奥巴马在随后的2000年3月的预选中一败涂地。

这次失败的竞选，使一部分人对奥巴马这种新秀向老政客挑战的行为产生了误解，致使奥巴马在州议会中的形象受损。而就在这一年，奥巴马的第二个女儿萨莎出生。为了这次失败的竞选，奥巴马不得已动用自己的私人账户，以弥补竞选经费的不足，欠下了巨额的债务。家庭的重任让奥巴马不得不暂时放下自己远大的政治抱负，将更多的精力放在了家庭上。

竞选失败使得奥巴马的信心受到了很大的打击，差点断送了政治生涯。如果奥巴马当初肯听取老政客的意见，他就很有可能避免这次失败。在经历了这次失败之后，奥巴马变得更加聪明。这次的失败在一定程度上也造就了今天的奥巴马。因为在这之后，他谦逊起来，经常与老一辈政客们聊天，向他们请教很多问题。从他们那里，奥巴马很好地弥补了自己从政经验的不足。

奥巴马说，如果不能从失败中得到教训，是一件很悲哀的事。即使是一些小小的错误，你都可以从中学到很多东西。我们不仅要从自己的失误中总结经验，也要善于从别人那里得到警示。别人失败了，不要幸灾乐祸，你要学会分析，总结出这背后的本质。如果你找出别人失败的原因，并且引以为戒，那么你才能有效避免自己犯同样的错误。

在生活当中总是有许多事情是我们控制不了的，不管一个人的意志力、自控力有多么强大，有时候失败仍在所难免。这个时候，别人可能会对你有所评论。如果你不能从中找到对自己有益处的东西，仅仅只是把这些当作指责，那么你就很有可能深陷在失败的泥潭当中。

其实，上天给每个人的机会都是一样的，我们有足够的时间去实现自己的目标。在这个过程中，我们要学会聆听，学会听取他人的建议。有些建议往往是让人痛苦不堪的，即使是这样，它也会让你成长，让你在心底暗暗地下定决心。如果我们肯虚心听取别人的建议，那么我们就可能在追求理想的道路上少走许多弯路，因为别人也许经历过，知道这样做不行，甚至别人会告诉你解决办法，关键在于你是否肯虚心接受。

第十章

『别说多了，让舌头适时保持沉默』

有时候沉默是金——特别是在情侣关系里。我都记不清到底多少次因为说错话引发了本可以避免的争端。即使你想说的非常重要，那也闭嘴，自行消化。你可以用行动证明一切，毕竟你自己说话的时候是听不见的。

1.认真倾听，是对别人最好的尊重

奥巴马发现，有一段时间萨莎养成了一个坏习惯，就是大人们在谈话的时候，萨莎经常插嘴，发表自己的意见。在学校也是一样，经常不等老师把话说完，她就插嘴提问，破坏了课堂纪律。当然萨莎还小，但这并不是一个好习惯。一天，萨莎再次插话时，奥巴马批评了她，并告诉她这是一个很不好的习惯，必须改掉。一个有教养的人，绝不会随便插话，而是应该学会倾听。

奥巴马知道萨莎个性很活泼，而且有很强的好奇心，喜欢问为什么，善于表达自己的想法，这是一种良好的人生态度，有助于培养她的思维习惯。但是打断别人谈话毕竟是不礼貌的表现，尤其是在正式场合。因此，他建议女儿在人际交往中，一定要学会倾听，学会提问。

奥巴马告诉女儿，在人际交往中，学会倾听是十分重要的。不重视、不善于倾听是不尊重别人的表现。用心倾听，你才能从他人的言语中学到一些自己不知道的知识和他人为人处世的态度与原则。

在西方有这样一句流行的谚语：上帝给我们两只耳朵，却只给了一张嘴巴，其用意是要我们少说多听。

我们知道，人们往往对自己的事更感兴趣，更在乎自己的问题，更喜欢自我表现。一旦有人专心倾听我们谈论时，我们就会感到自己被重视、被尊重、被理解。听话者的态度会直接影响说话者的兴趣。假如你是一个说话者，而你的交流者没耐心听你讲话，或者把你的话当耳边风，随便敷衍，你会感觉良好吗？相反，如果对方相当重视你的谈话，你肯定更容易和对方交流。

美国演员阿丽恩·弗朗茜斯曾主持《我是做什么的》的电视节目。主持人请来一位观众，向他提出问题，然后从中猜出他的职业。该节目办了二十五年。刚开始创办时，阿丽恩对怎样提出生动有趣的问题不得要领，后来她的丈夫对她说："看你们的节目时，我觉得你不能傻等在那里只想着提问，而应细心倾听别人在讲什么。最关键的是，你要学会积极主动地倾听。"

阿丽恩接受了丈夫的建议，她说："这的确是个有效的方法，通过悉心品味他们的谈话，我变得精于此道了。此后，耐心倾听成了我职业的主要内容。"

阿丽恩认为，倾听的作用绝不仅仅是获得信息，还是你与周围人友好相处的一个途径。她从一个七十多岁的老妇人身上也感受到了这一点。

阿丽恩经常在一个杂货店遇到一位老妇人。她深色的双眼充满了戒备和渴望。但当她见到阿丽恩时，总是喋喋不休，唠叨个没完。有时阿丽恩心情不好时，不得不耐着性子听下去。

"我要去阿肯色了，"一天，老妇人对阿丽恩说，"那里春季的高温气候对我的关节炎有好处。不过我会很快回来的，免得你惦念。"

"只有您一个人去吗？"阿丽恩问道。

"对，只有我一个人。"她说，"我是个孤老婆子，独居很久了。可我遇到了许多像你这样的好人，你们愿意听我唠叨。"

阿丽恩意识到，她就是用与人交谈来充实自己晚年枯燥的生活的。聆听的耳朵，就是她的需求。"我的耳朵不仅仅属于我自己。"从那以后，阿丽恩在与陌生人打交道时，都尽力让自己积极耐心地倾听。

做个听众往往比做一个演讲者更重要。专心听他人讲话，是我们给予他人的最大尊重、呵护和赞美。每个人都认为自己的声音是最重要的、最动听的，并且每个人都迫不及待地表达自己的愿望。在这种情况下，友善的倾听者自然成为最受欢迎的人。

世上许多人之所以不能给人留下良好的印象，正是因为他们不能耐心地做一个很好的听众。所以，如果要别人喜欢你，原则是：首先做个好听众。

经朋友介绍，重型汽车推销员乔治去拜访一位曾经买过他们公司汽车的商人。见面时，乔治照例先递上自己的名片："您好，我是重型汽车公司的推销员，我叫……"

才说了不到几个字，该顾客就以十分严厉的口气打断了乔治的话，并开始抱怨当初买车时的种种不快，例如服务态度不好、报价不实、内装及配备不对、交接车的时间等待得过久……

顾客在喋喋不休地数落着乔治的公司及当初提供汽车的推销员，乔治只好静静地站在一旁，认真地听着，一句话也不敢说。

终于，那位顾客把以前所有的怨气都一股脑地吐光了。当他稍微喘息了一下之后，才发现眼前的这个推销员好像很陌生。于是，他有点不好意思地对乔治说："小伙子，你贵姓呀，现在有没有一些好一点的车型，拿一份目录来给我看看，给我介绍介绍吧。"

当乔治离开时，已经兴奋得几乎想跳起来，因为他的手上拿着两台重型汽车的订单。

从乔治拿出产品目录到那位顾客决定购的整个过程中，乔治说的话加起来不超过10句。那位顾客道出了这桩重型汽车成功交易的关键，他说："我是看到你非常实在、有诚意又很尊重我，所以才向你买车的。"

在适当的时候，让我们的嘴巴休息一下吧，多听听对方的话。当我们满足了对方被尊重的感觉时，我们也会因此获益。

倾听是对他人最好的恭维，是一种尊重、一份理解，是心与心的交流，是情感与情感的互动。学会倾听，你才能将自己打造成为人生的智者。在人与人的交往中，每个人都希望别人能倾听自己说话，这是人的一种心理诉求。如果一个人在交际中一直以自我为中心，滔滔不绝地谈论自己，就会让人感到乏味和厌倦。

倾听是一种修养，是一项技巧，也是一门沟通的艺术。在生活中，做个听众往往比做一个演讲者更重要。每个渴望事业有成的朋友都应该学会倾听。因此，请让自己浮躁的心静一静，去耐心倾听别人的心声，并让倾听成为你化解问题、结交朋友的最有效的武器吧。

2.让自己的舌头保持沉默

尽管舌头没有骨头，但也应该特别小心，因为它拥有着巨大的威力。这是因为话一旦说出口，就像射出的箭，再也不能收回了。

人之所以有两个耳朵、一张嘴巴，是为了让人多听少说。那些懂得听话艺术的人总是让人尊敬，而那些只知喋喋不休地说个不停的人只会让人厌恶。

奥巴马认为，愚者常常暴露出自己的愚昧，贤者却总是隐藏自己的知性。因此他赞同广为流传的一句话："假如你想活得更幸福、更快乐的话，就应该从鼻子里充分吸进新鲜空气，而始终关闭你的嘴巴。"

雄辩如银，沉默是金。在我们的生活、工作中，有些时候确实是要沉默胜于雄辩。与得体的语言一样，恰当好处的沉默也是一种语言艺术，运用好了常会收到"此时无声胜有声"的效果。

比如，亲人依依惜别，知己久别重逢，在这种悲欢离合、百感交集的时候，他们往往不用万语千言，互诉衷肠，而是"默默无语两行泪"，似乎只有沉默才能表达出他们此时此刻的百转柔肠。

奥巴马希望自己的女儿们能有遇事管住自己舌头的习惯。

奥巴马和女儿分享过大发明家爱迪生的一件轶事。

美国大发明家爱迪生发明了自动发报机之后，他想卖掉这项发明以及制造技术，然后建造一个实验室。因为不熟悉市场行情，不知道能卖多少钱，爱迪生便与夫人米娜商量。米娜也不知道这项技术究竟值多少钱，她一咬牙，发狠心地说："要两万美元吧，你想想看，一个实验室建造下来，至少要两万美元。"爱迪生笑着说："两万美元，太多了吧？"米娜见爱迪生一副犹豫不决的样子，说："要不然，你卖时先套套商人的口风，让他出个价，再说。"

当时，爱迪生已经是一位小有名气的发明家了。美国一位商人听说了这件事，愿意买下爱迪生的自动发报机发明制造技术。在商谈时，这位商人问到价钱，因为爱迪生一直认为要两万美元太高了，不好意思说出口，当时他的夫人米娜上班没有回来，爱迪生甚至想等到米娜回来再说。最后商人终于耐不住了，说："那我先开个价吧，10万美元，怎么样？"

这个价格非常出乎爱迪生的意料，他心中大喜，当场不假思索地和商人拍板成交。后来爱迪生对他妻子米娜开玩笑说："没想到沉默了一会儿就赚了8万美元。"

沉默是金。在人生的很多关口，譬如面对一个自我赞扬的环境，面对一个据理力争的场面，面对一个强词夺理的上司时，沉默虽然不会像爱迪生一样创造8万美元的价值，但它同样会让我们看到刹那间的前程和退路，沉默可以给对方和自己都留有余地，沉默甚至可以挽救我们。沉默是无声的语言，有一种埋藏在深处的震撼力。沉默可以积蓄力量，有力量的人更多的是以沉默的方式表现出来的。

沉默是金。这是一个亘古不变的真理。大爱无言，大美无声，沉默是一种无声的美。说话敏感，说好很难，但谁又知道说话的最高境界呢？那就是要少说话，甚至适当沉默。如果你不爱说、不会说、不懂得如何说，如果有些事情不能说，那么最好的办法就是——沉默。

说出去的话是泼出去的水，覆水难收。不好的话说出去，就像将一张纸被折起，纵使道歉来得够诚恳、够真诚，也难以抚平纸的折痕，那将是永恒的烙印。因此，有的时间、有的场合最好选择沉默。

3.争论开始的时候，你已经输了

说服不是吵架，不是比嗓门高。奥巴马之所以总是在辩论中占领先机，正是因为懂得这个道理。以平和的态度进行说服，这样反而更凸显我们的风度，展现我们的口才。

在形容奥巴马时，我们常说这样一个词：风格。这里的风格，绝不仅仅只是穿衣风格这么简单。奥巴马的风格，更多时候体现在与竞争对手的交流上。我们何时见过，奥巴马有与对方争得不可开交，争得脸红脖子粗的时候？

恰恰相反，无论受到何种攻击，奥巴马都会以一种理智的态度对待。他或是巧妙地退让，或是幽默地反击，总是用一种看似温和的语言来辩解。也正是这种态度，让竞争对手难于继续死缠烂打，最终消了火、灭了气焰，不得不被其说服。

你开始争论的时候，就表示你已经失去了控制，就已经输了！你可以和别人讨论，但不要争论。十之八九，争论的结果会使双方比之前更相信自己是绝对正确的。

布鲁斯，英国人，在北京一家公司工作，任商务部经理。

在这家公司，布鲁斯度过了三年的时光。虽然他并没有取得什么辉煌的成绩，但也可以算得上是兢兢业业、勤奋有加。正因为如此，当他看到自己的工资没有上涨时，心里不免有些不舒服。毕竟，他只身来到中国的目的，就是为了赚钱。

布鲁斯决定和老板商谈，给自己加薪。第二天一早，他西装革履地来到了老板办公室。可是，在他说明要求后，加薪的愿望不但没有实现，反而被老板"将了一军"。原来，对于公司来说，布鲁斯所在的部门占了成本的大头，公司正在决定是否要撤销这个部门。

老板的决定让布鲁斯立刻坐不住了，他拍着桌子大喊道："你凭什么这么对我！"

老板耐心地说："布鲁斯，现在经济不好，难道我这么做有错吗？"

此时的布鲁斯早已忘了什么叫风度，他不顾形象地咆哮道："不！你们不能这么对我！你们必须给我加薪！"他企图以"高嗓门"战胜老板，同时想保留住自己的部门。

然而，这样的争论自然不会有好下场。布鲁斯不但没能为自己争得利益，反而招来了一群看客。一时间，公司内部都知道了这件事情，甚至连合作伙伴也得到了消息，纷纷打电话过来询问，这让老板的面子很挂不住。

布鲁斯的加薪要求成了这件事情的导火线，一个星期之后，他所在的部门便被撤销了，而布鲁斯也不得不收拾行囊返回英国。因为这件事在业界内传开了，没有一个公司愿意接受这样一个"不懂规矩"的人。

布鲁斯的初衷没有错，但他却犯了一个致命的错误：没有保持良好的态度，把交流的大门关上了。一个原本应当友好的交流，最终变成了争吵,布鲁斯为此付出了惨重的代价。

其实,真正懂得说服别人的人,从来都不是靠声调来取胜的。声调提高时,证明你已经愤怒了。愤怒是一种情绪的波动,在这种情绪下,人的意志力和自控力都会受到影响,不管是言语还是行动都可能显得"过分"。这种时候,你的所作所为无论如何是无法让人诚服的,反而还会招来更多对立的态度,树立更多的敌人。

很多人在争吵时,都会与布鲁斯一样,缺乏思路、随心所欲,甚至动用谩骂、侮辱、讽刺、挖苦的方式。如此说服,自然得不到好结果。

如果你老是争辩、反驳,也许偶尔能获胜,但那是空洞的获胜,因为你永远得不到对方的好感。避免争吵,才能让说服继续下去,而不是与对方纠缠在一起,最终不欢而散。

有些人在和别人聊天时特别喜欢争论。当然你可能有理,你的观点可能是正确的。可是,你要知道的是,要想在争论中改变别人的主意,你说得再多,结果也是徒劳。

威尔逊总统任内的财政部长威廉·麦肯罗以多年政治生涯获得的经验,说了一句话:"靠争论不可能使无知的人服气。"奥巴马认为,不论对方才智如何,都不可能靠争论改变他的想法。

奥巴马给女儿们讲过下面这个小故事。

有一天晚上,卡尔参加一次宴会。宴席中,坐在卡尔右边的一位先生讲了一段幽默笑话,并引用了一句话,意思是"谋事在人,成事在天"。

他说那句话出自《圣经》,其实他错了。卡尔知道正确的出处,一点儿疑问也没有。

为了表现出优越感,卡尔大声地纠正他的错误。那人立刻反唇相讥:"什么?出自莎士比亚?不可能,绝对不可能!那句话出自《圣经》。"

那位先生坐在右边,卡尔的老朋友弗兰克·格蒙坐在左边,他研究莎士比亚的著作已有多年，于是，他们俩向格蒙请教。格蒙听了，在桌下踢了卡尔一下，然后说："卡尔，这位先生没说错，《圣经》里有这句话。"

随后，在回家的路上，卡尔对格蒙说："弗兰克，你明明知道那句话出自莎士比亚的作品。"

"是的，当然，"格蒙回答，"《哈姆雷特》第五幕第二场。可是亲爱的卡尔，我们是宴会上的客人，为什么要证明他错了？那样会使他喜欢你吗？为什么不给他留点面子？他并没问你的意见啊！他不需要你的意见，为什么要跟他抬杠？应该永远避免跟他人的正面冲突。"

永远避免跟他人的正面冲突。说这句话的人已经辞世了，但卡尔受到的这个启示仍长存不灭。那是卡尔最深刻的教训，因为卡尔是个积重难返的杠子头。小时候他和哥哥为任何事物都能抬杠；进入大学后，卡尔又选修逻辑学和辩论术，也经常参加辩论赛。

从那次之后，卡尔听过、看过、参加过、批评过数以千次的争论。这一切的结果，使他得出一个结论：天底下只有一种能在争论中获胜的方式，那就是避免争论。避免争论，就像你避免响尾蛇和地震那样。

即使你的辩才纵横、逻辑清晰、口若悬河，每当别人和你看法不同时，你就一定要把对方讲到哑口无言，看起来你的嘴巴是蛮厉害的，可是，我不得不说，这样的人其实是不会说话的人。你赢不了争论。要是输了，当然你就输了；即使赢了，但实际上你还是输了。因为，你的胜利使对方的论点被攻击得千疮百孔，证明他一无是处，那又怎么样？你会觉得扬扬自得，但他呢？他会因你伤了他的自尊而怨恨你。而且一个人即使口服，但心里未必服气。

如此一来，你的人缘又怎会好呢？

奥巴马在一次演讲中分享了一句很经典的话：每个人，都是自己那片小领土的国王。

　　既然大家都是国王，当然谁也不乐意被别人教训。所以，当别人敢于冒犯自己时，第一个反应就是跳出来捍卫自己的"小王国"。

　　当你开始和别人争论的时候，实际上是你唤起了对方的斗志——和你作战的斗志。也就是说，你用争论给自己树立了一个"敌人"，不管战果如何，你都难以再得到对方的好感。

　　所以，在和对方有不同看法或意见时，不要去争论，因为争论实在没有必要，也毫无用处。情侣之间更不必争论了，既然大家是因为互相爱才走到一起的，为了一些口头的高低而斤斤计较，损害彼此的感情，是多么的得不偿失啊。

4.曲径通幽，舌头不妨绕点弯

　　"曲径通幽处，禅房花木深。"这句诗的意思是：禅房坐落在深山花木丛中，通往禅房僧院的道路是起伏不平、曲曲折折的，需要经过一番跋涉才能到达。

　　这首诗道出了曲折前进的哲理。其实说话也是这个道理。如果开门见山，打开天窗说亮话无法取得事半功倍的效果，那就不妨试试曲径通幽。譬如有些不方便直接说出口的话——因为直接说出来会让对方心里不舒服，脸面挂不住——我们可以通过旁敲侧击的方式拐着弯说。

　　琼斯公司承包了一个大厦的建造、装修工程，一切都按照原计划进行。可是就在大厦接近完工的阶段，供应大厦内部装饰的铜器供应商却突然告知无法如期交货。如果真是这样，那么整栋大厦就不能如期完工，公司将面临巨额罚金。

老板琼斯让人给铜器供应商打电话交涉，争也争了，吵也吵了，但就是没有结果。没办法，琼斯只能亲自前往纽约，去当面说服铜器供应商。

面对琼斯的突然造访，供应商表现得很不友好，一开始就摆出了很不愿意合作的态度。琼斯是个聪明人，他察觉到了供应商的抵触情绪，所以他闭口不谈铜器的供应问题，而是与供应商闲聊。

"你知道吗？在布鲁克林区，你的姓是最特别的，因为只有你一个人有这样的姓。"琼斯面带微笑地搭讪。

供应商有点吃惊："是吗？我可不知道！"

"哦，"琼斯说，"来你这里之前，我查阅了电话簿，在布鲁克林的电话簿上，有你这个姓的只有你一个人。"

"我真的不知道，"供应商一边说，一边查阅电话簿，"哦，我的姓还真是不平常。我的家族是从荷兰移民过来的，几乎有两百年了……"

供应商连续讲了几分钟，当他说完之后，琼斯恭维道："真的很佩服你拥这么大的工厂，我以前也拜访过很多同类的工厂，但是从规模上来说，它们跟你的工厂相差太多。"

供应商笑着说："这是我花了一生的心血建立起来的事业，我为它感到骄傲。既然你来了，愿不愿意去参观一下工厂呢？"

琼斯当然乐意去参观，在参观的过程中，琼斯不断地恭维他的企业制度健全。与此同时，琼斯还对工厂里一些不寻常的机器大为赞赏。供应商笑着说："这机器是我发明的。"然后花了不少时间向琼斯说明如何操作那机器。

到了中午，供应商热情地邀请琼斯共进午餐。到此为止，琼斯一句话也没提铜器的供应问题。吃完午饭后，供应商开门见山道："现在，让我们来谈谈正事吧，我知道你这次来的目的，但我没想到我们的见面如此愉快，我很乐意与你交朋友。我可以向你保证，我们承建的铜器会如期运到你们的工地上。"

供应商说到做到，那些铜器真的及时运到了工地，大厦也如期完工。

琼斯采取的是渐进式的沟通，一步步消除了供应商的抵触情绪，激发了对方的好感，使对方慢慢表现出热情友好的态度。假设琼斯不这样做，而是一见面就怒不可遏地指责供应商不守信用，然后与之大谈诚信经商的道理，结果很可能败兴而归。

俗话说"祸从口出"，人与人之间原本没有那么多的矛盾纠葛，往往是因为有人只图自己嘴巴一时痛快，说话之前不加考虑，总是想到什么就说什么，伤害了别人的自尊，或者说话不讲情面，甚至以尖酸刻薄之言讽刺别人，让人下不了台，如此对方心中怎能没有一股邪火呢？

19世纪，英国首相本杰明·狄斯雷利就给我们树立了好榜样。

一段时间，有个野心勃勃的军官一再请求狄斯雷利加封他为男爵。狄斯雷利知道此人才能超群，也很想跟他搞好关系。但由于该军官未达到加封条件，对工作负责的狄斯雷利无法满足他的要求。这令该军官觉得很没面子。

一次，这名军官又提出了加封男爵的要求，狄斯雷利知道自己若再次拒绝他很可能会多一个敌人，于是便将该军官单独请到办公室，放低声音说道："亲爱的朋友，很抱歉我不能给你男爵的封号，但我会告诉所有人，我曾多次请你接受男爵的封号，但都被你拒绝了，好吗？"

这个消息一传出，众人都称赞这名军官谦虚无私，淡泊名利，对他的礼遇和尊敬远超任何一位男爵。军官不再强求狄斯雷利给他封爵，并且由衷地感激狄斯雷利，成了狄斯雷利最忠实的伙伴和军事后盾。

本杰明·狄斯雷利之所以取得了成功，就在于他懂得"打人不打脸，揭人不揭短"的道理，知道一再拒绝这位军官要求加封的请求无疑是当面扇对方耳光，对方肯定不会善罢甘休，于是本杰明·狄斯雷利站在对方的角度考虑事情，从对方的角度出发，尽可能地维护了对方的面子，避免了不必要的麻烦。

在英国经济大萧条时期，18岁的凯丽好不容易找到了一份在高级珠宝店当售货员的工作。在圣诞节前夕，店里来了一位30多岁的顾客，他衣衫破旧，满脸忧愁，用一种可望而不可即的目光，盯着店里那些高级首饰。

在凯丽去接电话的时候，不小心把一个碟子碰倒了，顿时六枚价值不菲的钻戒落到地上。她急忙弯腰捡起其中的五枚，但第六枚却不见踪影。当凯丽抬起头时，她看到那个30多岁的男子正向门口走去，她顿时意识到戒指被他拿走了。就在男子的手贴近门柄时，凯丽柔声叫道："对不起，先生！"

那男子听了凯丽的叫声后，转过身来，两人相视无言，沉默有几十秒之久。"什么事？"男人问。见凯丽没有说话，他脸上的肌肉在颤抖，再次问道："什么事？"凯丽神色忧伤地说："先生，这是我的第一份工作，现在找个工作很难，想必您也深有体会，是不是？"

那名男子深思了片刻，终于一丝微笑浮现在他脸上。接着他说："是的，的确如此。不过我敢肯定，您在这里会做得不错。我可以为您祝福吗？"说完之后男子向前一步，把手伸向凯丽。"谢谢您的祝福。"凯丽也立即伸出手，两双手紧紧握在一起。凯丽用很柔和的声音说："我也祝您好运！"

接着，男子转过身，朝门口走去。凯丽看着男子的身影消失在门外，转身走到柜台，把手中握着的第六枚戒指放回了原处。

奥巴马跟女儿们说过：真正伤害心灵的不是刀子，而是比刀子更厉害的东西——恶语。俗话说："良言一句三冬暖，恶语伤人六月寒。"我们在生活中与人说话时可能会给对方造成伤害，这是我们必须要谨慎注意的。

人们总是喜欢揭他人的短处，而事实上，这是一种极为堕落的做法。一个连自己都无法控制的人，有什么权利去左右他人？

人际交往就是这样，你对别人伶牙俐齿，别人势必对你以牙还牙；你以揭别人伤疤为乐，别人肯定加倍为你制造痛苦。只有给别人留足了"面子"，多给别人"台阶"下，别人才会为你"搭台"。

5.幽默是一种智慧，更是一种能力

有人说，懂得幽默的人才配得上"语言天才"这个头衔。这句话虽然绝对，但在一定程度上，幽默的确就是这么重要。不懂幽默，我们就很难展现出亲和力；不懂幽默，奥巴马就不可能成为全民偶像。奥巴马的个人魅力，很大程度上就是由语言体现的。而在语言中，幽默的成分又占据了很大的一部分。巧用幽默，奥巴马化解了不少尴尬，甚至让竞争对手也不得不佩服他。

超人气的民主党参选人奥巴马，经过血缘追踪调查，几百年前，和好莱坞超级偶像巨星布拉德·皮特原本是一家。奥巴马上脱口秀节目，轻松谈论了这个话题。名主播芭芭拉发问："你和布拉德·皮特是怎样的亲戚关系？"奥巴马调侃说："我想我们是第九代的表兄弟之类吧，少了什么的第九代，我是说，皮特多了长得帅的基因。"奥巴马的幽默，让芭芭拉也当场幽了他一默，她说："也许我不该这么说，但是我还是要说，你看起来很性感。"

奥巴马是非洲裔美国人（黑人）和高加索美国人（白人）的混血后代，从血统上讲是黑白混血，但他这种情况一般被认为是黑人。美国在过去种族歧视合法的时候，对黑人的定义是有三十二分之一以上的黑人血统就算黑人。有人问过奥巴马是不是黑人，奥巴马没有正面回应，而是幽默地给出了暗示。他的回答是："你问问纽约的出租车司机就知道了"，意思是纽约的出租车司机通常比较歧视黑人，不愿意搭黑人客人，而他也受到过这种待遇，可见是黑人。

美国前总统克林顿与黑人社区关系向来不错，美国小说家托尼·莫里森称他是美国"第一位黑人总统"。有人问奥巴马，是否同意莫里森的说法。奥巴马先是赞扬克林顿对黑人不错，但随后的回答引来观众一阵大笑。他诙谐地说："我必须对此多做一些测试，比如说克林顿跳舞的能力之类，然后才能判断克林顿到底是不是我们黑人兄弟一伙的。"

奥巴马几年前曾访问过日本，当他把护照交给日本机场验证官的时候，突然获得了对方莫名其妙的亲切笑容。原来，这位日本的验证官是新潟县小滨市出生的，"小滨"的日文发音为"Obama"，跟"奥巴马"的发音一模一样，所以他风趣地跟奥巴马说："先生，我也是奥巴马。"奥巴马也对验证官开玩笑："我也是从小滨来的。"

澳大利亚总理霍华德在接受电视台采访时说，奥巴马的撤军计划只会让伊拉克的恐怖分子感到高兴。"小布什的盟友在世界的另一端，在我宣布参选后的第一天攻击我，这让我受宠若惊。"奥巴马幽默地反击说，"我希望提醒大家注意的是，我们在伊拉克的部队已接近14万人。我知道的是，霍华德也派了1400人。如果霍华德真是为伊拉克而战，我建议他再征召2万澳大利亚人，并把他们派到伊拉克。否则，他只是在说空话。"

在美国民主党总统候选人之争陷入纠缠不休的持久战之际，希拉里一连几日多次放话，邀请奥巴马作为竞选副手共谋白宫。对于希拉里邀自己"打下手"的"好意"，奥巴马断然拒绝，并且机智幽默地说："哪有老大给老二当副手的道理。"现场听众哄堂大笑，大声欢呼，掌声经久不息。

不要小看幽默。幽默是人际关系的润滑剂，在社交场合，我们总能看到那些善用幽默言语的人赢得满堂笑声，成为人们的焦点。幽默不仅能够帮你解围、帮别人减轻精神上的压力，还可以缩小你与对方之间的距离，弥补你与对方之间的鸿沟，促进人际关系和谐。所以，为人处世，时不时地发挥你的幽默魅力，这会让你更加受欢迎。成为一个受欢迎的人，那么成功岂不是水到渠成？

幽默是不分条件的，无论身在职场，抑或面对商务谈判，合理的幽默都可以为自己加分。我们总是会遇到各种尴尬的事，有些可能是我们自己导致的，有些可能是他人的过失。这个时候，如果单纯地较劲，往往会让自己的气场向负面倾斜，给人一种易怒、暴躁、斤斤计较的印象；相反，若是换成说句幽默的话，反倒能化解尴尬的场面，让你展现出极大的魅力，从而有助于你个人形象的树立。

雷格威是美国知名幽默杂志的主编，对幽默他有着自己独到的见解。他说，原始人见面握手，是表示他们手上不带武器；现代人见面握手，是表示我欢迎你，并尊重你；而用幽默来代替握手，则是有力地表示我喜欢你，我们之间有着可以共享的乐趣。

幽默的作用就是如此的强大。在社交场合，用一两句幽默的言谈代替握手，可以让对方见识到你的友善、机智和风趣，可以迅速消除时空距离感。我们每个人都应该在交往中把握好、运用好幽默的技巧，让陌生人一见就对你产生好感，这样就能为成功交际打下良好的基础。

幽默，既可以缓解双方的紧张，又可以增添友好的气氛。奥巴马的幽默艺术，如同一支火把，点燃了美国人的梦想和希望。

许多人认为幽默是上帝赋予的先天能力，后天无法获得。其实，幽默是可以学习的。生活中幽默无处不在，你得睁大眼睛、竖起耳朵，去观察、去聆听。当你有足够的技巧和用创造性的语言去表现你的幽默时，你就会发现不但自己置身于幽默世界中了，人际关系也由此顺畅起来了。

（1）抖包袱。很多话，实话实说，平铺直叙就缺乏吸引力，而如果前面做了很多铺垫，最后来个出其不意的结果，效果就非常好。就像说相声的人抖包袱，前面的引子越多，步入抖包袱的过程越长，越容易逗乐观众。一位顾客到一家理发店去理发，碰巧遇到的又是上回那位不太认真的理发师。他灵机一动，大声说道："太好了，上次也是你给我理的发。"边说着边竖起了大拇指："上次理得太好了！"理发师略感意外，但还是很高兴地说："哦，谢谢，谢谢。"顾客这时候走近理发师，压低嗓音说道："好就好在我老婆不要我陪她逛街了！"

（2）移花接木。有时候，有些词在修饰不同的对象时，意思是大相径庭的。例如有人说："我工作不突出，人缘不突出，就腰椎间盘突出。"把"突出"一词的意义进行这样的表达就是幽默了。

（3）一语双关。双关是利用词语的同音和同义的关系，发挥其在特定的语言环境中的双重意义，言彼寓此，巧妙地传递蕴藏在词语底层潜在的信息修辞方法。如果将其恰当地运用于口语表达中，可以增添谈话中的幽默感。"老刘已经第四次申请住房了，可人家主任说，他每次都是无'礼'请求！"

（4）褒词贬用。比如，甲："咱们厂长讲成绩没完没了的，对问题怎么一点也不谈啊？"乙："这就叫扬长避短。""扬长避短"本来指干工作、办事情要发扬自己的长处，回避自己的短处。这是一个褒义词，乙将褒词贬用，曲解成"只讲自己的成绩，不讲自己的缺点"。

（5）比喻。运用恰当的比喻可以使言谈话语既形象生动，又风趣幽默。例如"电视最大的弱点就是广告太多，使节目柔肠寸断"就是用比喻的方法表达了对电视台广告节目太多的不满。

（6）曲解。把本来不相干的事物，巧妙地加入到原先叙述的事物中，从而得出新的知识、体验和结论，形成诙谐可笑的情趣。老师："如果在一个不许钓鱼的池塘里钓鱼，会有什么结果？"学生："罚款5元！"老师："现在上急救课，先做口对口人工呼吸，这样重复做，会怎样？"学生："有人会告你性骚扰。"

（7）拟人。有个人去拜访他的朋友，当走进朋友的住宅时，突然蹿出一只大狗对他狂吠，他吓得止住了脚步，朋友闻讯出来看见他，连忙说："不要怕，俗话不是说，爱叫的狗不咬人嘛。你不知道这句话吗？"他马上回答："我知道这句俗话，但是狗它知道这句俗话吗？"

（8）巧借话题。在卡特竞选美国总统时，一名记者采访他的母亲。尽管这位母亲对频繁的采访感到厌烦，但出于礼貌，还是接待了这位记者。记者说："您的儿子在竞选时说，如果他曾经对人们说过谎，就不要选他。您能不能诚实地告诉我，您儿子是不是从来没有说过谎？"卡特的母亲坦诚地说："说过，但都是善意的。"记者觉得抓到了把柄，顺势追问："什么是善意的谎言？您能不能给我下一个定义，或者举一个例子？"卡特的母亲笑了，说："比如，你刚才进门的时候，我说'见到你很高兴'。"记者一听，灰溜溜地告辞了。

（9）夸张。马克·吐温外出，火车开得很慢。正好有人来查票，马克·吐温干脆递给他一张儿童票。查票员说："你真有意思，我看不出您还是一个孩子！"马克·吐温答道："现在我已不是孩子了，但在买票上车时是的。"生活中火车速度再慢，也不可能出现马克·吐温所说的情况，正因为夸张达到极限，远远超出了现实，才会有奇妙无比的谐趣。

（10）自我解嘲。当处于难堪或苦闷的境地时，自我解嘲可迅速化解尴尬。宋代大理寺丞石延年，人称"石学士"。一次骑马出巡，马夫一时疏忽，让马受了惊，一下子把他摔倒在地。侍从慌忙扶起他，马夫吓得跪地连称"该死"，街上闲人也围拢过来看热闹。只见石延年拍了拍身上的土，笑着对马夫说："多亏我是'石'学士，要是'瓦'学士，岂不要摔得粉碎？"

　　事实上，真正的幽默要以智慧和理性为内核，以契机为催化剂。它不仅含有笑料，更重要的是它含蓄、深沉和犀利，给人以无穷的回味和智慧的启迪。只要你以一颗乐观的心看待世界，开动你的脑筋，往往就会有逗人之语。试着开发你的幽默能力吧，让你的生活妙趣横生、笑语连连。